学用合一
数学好玩

赖宁静 著

西安出版社

图书在版编目（CIP）数据

学用合一　数学好玩 / 赖宁静著. — 西安：西安
出版社，2023.9
　　ISBN 978-7-5541-7064-9

　　Ⅰ.①学… Ⅱ.①赖… Ⅲ.①小学数学课—教学参考
资料 Ⅳ.①G623.503

　　中国国家版本馆CIP数据核字（2023）第169727号

学用合一　数学好玩
XUEYONG HEYI　SHUXUE HAOWAN

出版发行：西安出版社
社　　　址：西安市曲江新区雁南五路 1868 号影视演艺大厦 11 层
电　　　话：（029）85264440
邮政编码：710061
印　　　刷：北京政采印刷服务有限公司
开　　　本：787mm×1092mm　1 / 16
印　　　张：16.25
字　　　数：264千字
版　　　次：2023 年 9 月第 1 版
印　　　次：2023 年 12 月第 1 次
书　　　号：ISBN 978-7-5541-7064-9
定　　　价：58.00 元

追求"学用合一、融会贯通"的数学教育

"教育必须为社会主义现代化服务，为人民服务，必须和生成劳动和社会实践相结合，培养德智体美劳全面发展的社会主义建设者和接班人。"《义务教育法》（2021年4月第十三届人大常委会第二十次会议审议通过）。数学教育同样应该和生成劳动、社会实践相结合，体现学用合一，以用促学，学以致用。根据少年儿童的年龄特点，凸显数学好玩。

踏上讲台后，有一种深切的感受，那就是山区学校的教育和大城市差距太大了，部分儿童的数学学业水平质量随着年级的递增却在递减，学困生越来越多。为此，一直在探索学困生形成的原因和转化策略，致力于研究如何激发学生学习数学的兴趣，如何帮助学生更好地学习数学，提高学习效率；如何帮助学困生脱困，提高教学质量。为此开展了多个不同级别的课题实验研究，年轻的时候，申报的是校级课题，逐渐参与市级课题的实验研究，后来自己也成为市级课题主持人、省级课题主持人。那是一个不断实践、总结、再实践、再总结的研究过程。

2014年1月，我成功获聘清远市中小学教师工作室主持人，同年3月，以工作室主持人申报的"小学'学用式'数学教学方法的实践研究"被立项为市级课题。2015年5月，该课题又被立项为省级课题。2016年4月，成为"吴正宪小学数学清远市工作站"核心组成员；2018年4月，被广东省教育厅评选为新一轮（2018—2020年）广东省中小学名教师工作室主持人；2018年7月，被韶关学院省级中小学教师发展中心聘请为兼职教授和培训专家。这一切，让自己有了不断学习提升的机会，使自己更善于发现问题，以问题引出课题，利用课题解决问题，在研究的过程中，逐渐形成了"趣、活、实、巧"的教学风格，初步

提出数学教育要"学用合一、融会贯通"的教学主张。

一、两个故事引出的问题

故事一：有一次，我去送教下乡，阳山县岭背中心小学的毛副校长对我说："赖校长您说奇怪不奇怪？昨天去买青菜，卖菜的孩子是我们学校四年级的学生，一元五角钱一斤的菜，买了2斤6两，我还没有算出来，他马上口算出来了。他可是全校有名的数学学困生，考起试来就那么几分。"接着，毛校长就问他："1.5乘2.6等于几？"孩子愣住了，答不上来。毛校长："刚才你是怎么算的？"学生高兴地说："2斤是3元，6两是9角，一共是3元9角。"

故事二：有一次，我和学生小戴聊天。我说："你怎么变得那么喜欢学数学了？"小戴说："因为庄老师讲课讲得很慢，有时会讲很多遍，我听得懂，不再怕学数学了。"她还说："学得会，又会学，才会觉得有趣，才会喜欢，才会越学越好。"

第一个故事中的孩子虽然在学校的数学成绩不佳，但在卖菜中可以用知识解决生活中的数学问题。可是，当生活知识变身为算式呈现的时候，他就无法解决了。第二个故事中的孩子说得很有道理。试想，如果一门课程你根本就学不会，总是听不明白，久而久之，你还会喜欢这门课程吗？如果一门课程小学生可以自己学会，他该有多么高兴啊！如何沟通数学与生活的联系，给小学生增加学以致用的机会，体现学用合一，做到举一反三、融会贯通呢？

二、一个问题引出的课题

我认为，在小学数学教学实践中我们千万不能忽视学生学习数学的规律，千万不能忽视教育教学规律，千万不能忽视课程目标的三个维度。如果离开了实事求是，离开了全面地看问题，离开了变化发展地看问题，肯定是不行的。因此，新课标中的数学教学，尽量使学生具备解决现实生活中的实际问题的基本素质是十分重要的，这就有《小学"学用式"数学教学方法的实践研究》。

1. 开展数学实践活动，初显"学用合一"

数学教育也要保护学生的天性、张扬学生的个性、完善学生的人性。好玩好动是小学生的天性，丰富多彩的数学实践活动有利于激发孩子们的学习兴趣，给了孩子许多发现生活中的数学问题，并把学到的数学知识应用于生活的机会。2011年9月，《小学"学用式"数学教学方法的实践研究》被确立为校级课题。在探索实践中，我尝试用"两动一法"的方式进行教学，初显"学用合一"。所谓"两动"，一是开展每一节课课始的数学万花筒活动。学生在课前收集生活中的数学问题，课始轮流走上讲台与同学们分享。二是开展每年一届的数学节活动。数学节的活动内容有算二十四点、数学手抄报、数学课本剧、数学拼图、猜数学谜语等。所谓"一法"，即"四学四用教学法"。也就是引导学生试学试用、边学边用、现学现用、活学活用，初步形成小学"学用式"数学课堂教学的基本模式，让孩子们的知识面拓宽了，视野开阔了，表达能力强了，数学"学"与"用"的融合雏形初显。

2. 用好"六步学习法"，再显"学用合一"

我觉得，作为一名数学教师，一定要授人以渔，即传授一些基本的学习方法和训练方法，让学生学会如何去学习，做到举一反三、融会贯通，这样才更有利于学生未来的发展。小学"学用式"数学教学方法中就是渗透了一些基本的学习策略——"六步学习法"。"六步学习法"是指"一看、二找、三提、四解、五画、六搜"的六步学习策略。"看"指的是看数学课本，先看主题图或者例题；"找"就是找出主题图或者例题的已知条件；"提"指的是提出数学问题；"解"就是尝试解决问题；"画"就是用自己喜欢的符号作标注；"搜"就是搜集生活中相应的数学问题，并且解决它。在课题实验中，实验教师引导学生运用"六步学习法"进行课前的试学试用，在试学试用的基础上，再引导学生通过"交流、汇报、总结、评价、应用"等学习知识，这样，透过合作学习、资料收集、信息处理的指导，让学生习得一些好的学习方法，让学生自己去发现数学问题，并主动应用所学数学知识解决身边的数学问题，养成习惯，形成技能，学生将终身受益。

3. 利用小学数学玩算卡，实现玩中算来算中玩

我提倡"学用合一、融会贯通"的教学主张，计算教学也不例外。在计算教学中，我总是把学生的生活实际结合起来，使学生因为需要而进行计算。可是，我发现许多学生的计算速度不够快，正确率不够高。怎么办呢？2015年7月，有幸到广东省第二师范学院参加清远市"三名"工程培训活动，其中有一项活动是分组用乐高玩具拼图并介绍自己的作品，在这个过程中大家都很投入，集体的智慧迸发出创新的火花。我想，成年人尚且爱在玩中学，何况小学生？如果能够借助某种类似于乐高这样的玩具，把枯燥的数学注入"趣"的内容，让学生边玩边学数学，学习的兴趣浓了，专注力强了，学习效率自然就高了。于是，我开始研究小学"学用式"计算类练习的技术，开发出了"小学数学玩算卡"，把"玩"与"算"相互融合在一起，实现玩中算来算中玩。参与游戏者每人各拿张数大约相等的数字卡，桌面中间摆上符号卡。参照不同玩法先出符号卡（有需要的可出百变卡）共用，再随机出示数字卡（数字卡张数由玩家决定），谁最先说出正确结果，谁就收下对方的数字卡（如遇基础水平无法计算时，最先发现者获胜）。反之，由对方收指定数量的卡（或平均收卡）。谁的手里的数字卡清空，游戏结束。数字卡最多者即为获胜者。提升学生学习兴趣，提高注意力、计算的速度和正确率。

反思整个实验过程，我认为构建了教学以真的精彩，最终实现"学用合一、融会贯通"。其特点体现在：

一是给了学生一个"情感爆满的课堂"。教学当中的"情"犹如教与学双边活动的"催化剂"，有了它，学生才会在教师的点拨下进入学习的佳境。本课题通过"看、找、提、解、画、搜"的六要素试学策略，展现给学生一个"充满激情的我"，陪伴孩子度过每一段"燃烧的岁月"，极大地调动了学生的主观能动性。

二是给了学生一个"交流融洽的课堂"。以前的数学课堂，学生只是被动的倾听者，谈不上和谁去"交流"。而本课题旨在学生运用"六要素"进行课前试学试用的基础上，再引导学生通过"交流、汇报、总结、评价、应用"等学习知识，实现了"文本对话""师生交流"和"生生交流"。

三是给了学生一个"动感开放的课堂"。课堂是激情燃烧的动感地带，是他们求知、创造、展示自我、体验成功的平台。在试验过程中，开发出了"小学数学玩算卡"，把"玩"与"算"相互融合在一起，让孩子去"展示自己"，实现玩中算来算中玩，使其领悟数学的精妙所在。

四是给了学生一个"趣味横生的课堂"。透过数学手抄报、数学课本剧、数学拼图、猜数学谜语等多种方式激发学生学习兴趣，创造"我要学""我想学"的用心教学气氛。孩子们个个兴趣盎然，跃跃欲试，极大地调动了学生的主动性和用心性，教学过程也就"变苦为乐"。

五是给了学生一个"感悟贯通的课堂"。本课题透过"两动一法"的方式，引导学生试学试用、边学边用、现学现用、活学活用，让学生自己去发现数学问题，并主动应用所学的数学知识解决身边的数学问题，感悟数学的魅力，学生将终身受益。

目 录

第一章
孕育"好玩"的"学用式"数学

第一节　美丽的小山村，难忘的从师路 ……………………… 2

第二节　年轻的静姐姐，有趣的数学课 ……………………… 4

第三节　九年的求索路，草根的好课题 ……………………… 6

第四节　实验的好氛围，研究的好时光 ……………………… 9

第二章
追求"好玩"的"学用式"数学

第一节　忆"数学之好玩" ……………………………………… 14

第二节　念"梦中的数学" ……………………………………… 16

第三节　悟"真实的数学" ……………………………………… 18

第四节　思"好玩的数学" ……………………………………… 20

第五节　盼"好玩的数学" ……………………………………… 21

第三章
初研好玩的"学用式"数学

第一节　关于小学"学用式"数学"6·4·3"教学法的概述 ……… 26

第二节　试学试用，以用促学，数学好玩 …………………… 30

第三节　边学边用，学用双赢，数学好玩 …………………… 36

第四节　现学现用，学以致用，玩好数学 …………………… 40

第五节　活学活用，拓展延伸，续玩数学 …………………… 43

第六节　围绕问题，搭建阶梯，培养素养 …………………… 53

第七节　添加佐料，以玩促学，提高素养 …………………… 57

第八节　把握诀窍，化难为易，解决问题 …………………… 62

第九节　学用相融，集零为整，复习有效 …………………… 66

第十节　有规有序，有方有智，相宜有趣 …………………… 70

第四章
再研好玩的"学用式"数学

第一节　"数学好玩"是关键能力培养的好抓手………………… 75

第二节　"三yán"教学概述 …………………………………… 78

第三节　课前"炎学" …………………………………………… 80

第四节　课中"研学" …………………………………………… 86

第五节　课外"延学" …………………………………………… 97

第六节　融合，让数学更好玩 ………………………………… 99

第五章
又研好玩的"学用式"数学

第一节　好玩的数学课是有"意外"的 ………………………… 104

第二节　好玩的数学课是有创新的 …………………………… 109

第三节　好玩的数学课是需要开发和利用"资源"的 ………… 115

第四节　好玩的数学课是凸显学用相融的 …………………… 120

第五节　好玩的数学课是善待"错题"的 ……………………… 124

第六节　好玩的数学课是以"器"利学的 ……………………… 129

第六章
在"玩"数学中培养学生的核心素养

第一节　来自数学课程标准的解释 …………………………………… 138

第二节　来自《歌唱比赛》的启示 …………………………………… 140

第三节　来自"七样菜"的启示 ……………………………………… 142

第四节　来自其他方面的启示 ………………………………………… 144

第五节　关于"玩"数学特点的思考 ………………………………… 146

第六节　关于"玩"数学方法的思考 ………………………………… 150

第七章
好玩的"学用式"数学实践活动

第一节　挖掘生活资源　写好数学日记 ……………………………… 157

第二节　重视学用相融，让"数学好玩"更好玩 …………………… 163

第三节　以数学之神奇，悟数学之"好玩" ………………………… 169

第四节　挖掘生活资源　学生活数学 ………………………………… 176

第五节　营造氛围　自主合作 ………………………………………… 181

第六节　奏响数学与生活的和谐之音 ………………………………… 185

第七节　引导学生自主学习　提高课堂教学实效 …………………… 190

第八节　模拟焦点访谈　开心学习数学 ……………………………… 197

第八章
教学设计篇

第一节　研中学数学 …………………………………………………… 206

第二节　做中学"数学" ……………………………………………… 215

第三节　引导学生"研"数学 ………………………………………… 220

第四节　简简单单学数学 …………………………………………… 225

第五节　深挖资源　充实内容　活化课堂 ………………………… 230

第九章
好玩的"学用式"数学作业

第一节　给学生"可以不做作业"的机会 ………………………… 236

第二节　给学生有趣的纸质数学作业 ……………………………… 238

第三节　给学生实践型的数学作业 ………………………………… 241

第四节　好玩的小学数学玩算卡 …………………………………… 244

第一章

孕育"好玩"的"学用式"数学

为什么会提出"学用合一、融会贯通"这一教学主张，为什么会提出小学数学教育要提倡"学用合一 数学好玩"？这一切，都源于32年的教育思考与实践，与我自身的成长经历是分不开的。

第一节　美丽的小山村，难忘的从师路

刚毕业的两年从教经历，是"学用合一　数学好玩"数学教学主张的初步萌芽期，为了解决教育教学过程中的问题，激发学生的学习兴趣，提高教学质量，就地取材，与学生一起自制教具学具，其实就是把学习与应用结合起来，在做学具的过程中学习数学、感悟数学、体验数学，是一个师生共同学习的过程。课后与学生一起玩耍，课中学生那么专注，其实就是"亲其师，信其道"的表现，就是喜欢我的课，喜欢我这个老师的表现。

当时，我毕业于广东省连州师范普师班，年仅19岁的我为自己能成为一名光荣的人民教师而感到无比自豪。怀着满腔热情，步履轻盈地早早地来到岭背小学报到。第二天，当接到了被安排在户稠小学任教的通知时，当即就傻了眼，犹如一盆凉水从头上浇落，因为早听说户稠小学地处岭背镇西北面，基本上是崎岖陡峭、坑坑洼洼、尘土飞扬的山路，生活环境艰苦，教学设备极其简陋。这时，我想起父亲生前常吟诵的名句："故天将降大任于斯人也，必先苦其心志、劳其筋骨、饿其体肤……"既然选择了当教师，就要到最艰苦的环境中锻炼，才会有所建树。于是，我毅然踏进户稠小学的校门，开始我的从师之路。

那是一座朴素的学校，坐落在一座美丽的小山村里。四周的山把小山村捧在手中，清清的河水把小山村圈在怀里，村前村后各有一条凹凸不平的泥路，蜿蜒曲折，延伸着希望。蓝蓝的天空把小山村挡在身下，静谧、恬静、安好，那是小山村留在我记忆深处的印象。村里的人也是极友好的，家访时那一声声亲切的"赖老师"，是最美的名字；学生就更好了，下课后，围着我，亲热地喊我"静姐姐"，我们一起学习、一起劳动（那个时候每个星期的劳动课是打理学校的菜园和鱼塘）、一起打篮球、一起到浅浅的清水里摸石螺……

可是,天有不测风云,流泪的时候也是有的。自行车是我的交通工具,记不清多少次摔倒在雨水里、闪电中。

那是一个风雨交加的星期一,天刚蒙蒙亮,我骑着自行车走在坑坑洼洼的路上,一手撑着伞,一手扶着车头,头发湿了,衣服也湿了……突然车倒了,我重重地摔在地上,自行车车头的篮子里一包东西被甩了出去,我艰难地爬起来,急忙地从泥水里捡起来,一摞作业本依然被尼龙纸包裹着,我松了一口气,扶起车子,继续往那间偏僻的山区学校奔去……看到浑身湿透的老师,孩子们围了上来,拿东西的拿东西,撑伞的撑伞,一个小女孩打开破旧的小布袋,展现在她眼前的是三个煮熟的红薯,小女孩把一个红薯塞给我:"老师,您吃一个,肚子饱了身子就会暖和!"接过冰凉的红薯,我鼻子一酸,泪水夺眶而出。这三个红薯是这位小女孩中午的口粮……看着围在身边的学生,透过那一双双清澈晶莹的小眼睛,看到的是农村孩子热切渴求知识的期盼,我暗下决心:"留下来,用自己的所学,尽自己的所能,让山区的孩子们接受优质的教育。"于是,毅然耕耘于三尺讲台32载,无怨无悔,以顽强的毅力和坚强的意志。因为父亲去世,母亲的悄然远行,家中还有年幼的弟弟妹妹需要照顾,为此,我无论是烈日酷暑还是刮风下雨,每天都要骑自行车往返约二十公里,就这样奔波于家和学校之间。但我总是最早回到学校,最迟离开学校,以平静愉快的心境始终扎根在山区教育这片土地上,一干就是两年,在孩子们的心灵播撒知识的种子、爱的种子。

第二节　年轻的静姐姐，有趣的数学课

　　在户稠小学任教的两年里，最艰难的是第一年，课程多，经验少；问题多，指导少。而且，我上的是对我来说最有挑战性的一年级，且是"包班"，从早到晚，从星期一到星期六上午，这个班的语文、数学、音乐、美术、班队活动等所有课程都只有我一位老师在上。那个时候的我，勤奋而迷茫。那些看上去多么简单的知识，要让学生学好却不简单。一个星期下来，"甜嗓子"就成了"鸭公声"，朋友戏说，沙哑的声音有磁性。而我，只能苦笑，独自在跌跌撞撞中艰难地前行着。那个时候的学校，没有多媒体教室，没有网络，也没有教具，只有书本和粉笔，教学参考书也是极少的，只有一本供参考的教案，没有教学杂志，更没有教育教学类的书籍，想买一本书，也得省好久才买得了。很多时候，向周围的老师学习和自力更生便成为解决问题的法宝。为了上好课，我和孩子们一起自制教具学具，剪小圆片，捡小石子，串石螺壳（每10个螺壳一串），截小木棒……在做学具的过程中用着数学，学着数学。我还要求孩子们在上学和放学路上数一数自己见到了多少棵树；插秧的时候，数数自己插了多少株秧苗；种菜的时候，数数自己种了多少颗菜；吃饭的时候，数数有多少双筷子多少个碗；过年的时候，数数有多少个红包；数一数家里养了多少只鸡、多少只鸭、多少头猪……下课，与孩子们玩游戏的时候，他们凑在我耳边说："静姐姐，数学真有趣。"

　　从教的第二年，原来任教六年级数学的那位老师调走了，我有幸接任六年级数学兼班主任以及学校少先队大队辅导员，有了更多锻炼的平台，也展示了我任教数学的才华。我和班上的许多学生成了"兄弟姐妹"，他们课堂里特别认真听我的课，课下总是用本地话喊我"静姐姐"，放学后总是一起打篮球，也听我用学校仅有的一台脚踏钢琴弹奏曲子，我深知，曲子是弹得极其不好的，但我的这些"弟弟妹妹们"总是听得特别"入迷"。我会和他们讨论琴键上白键个数是黑键的几分之几？班上女生人数是男生的几分之几？煮饭时米和水的比是多少？烧柴做饭与用电饭锅做饭米和水的比例是否相同？为什么？给秧苗喷洒农药时药液和水的比是多少……我们聊起这些话题总是聊个没完没了的，有的学生实践后又接着聊。当然，我也不忘把我们聊天的话题变成数学题，并且搬上课堂，孩子们总是特别的喜爱，也做得特别的好。在期末全镇的统考中，我所任教的班级取得了优异的成绩（听说跃升为镇排名第二，平均分82分），犹记得，听到这个意外的好消息，我们都高兴极了。我也因此被调到了镇的中心小学任教。

现在回忆起来，心存感激，能在这么美丽的小山村里任教，能够遇到这么多对我这么好的同事，能够遇到这么好的学生和家长，是我的幸运，每每想起，总是温暖的，也是充满"爱"的。犹记得，一个小女孩，把用荷叶包着的一小包草药塞到我的手里，腼腆地说："老师，这是我家的秘方，治疗喉咙的药，煲水喝，您的声音很快就会变好的。"我的声音虽然不是小女孩的药治好的，30年后依然记得那个小女孩的样子，依然记得那个送药的情景。

第三节　九年的求索路，草根的好课题

岭背镇中心小学是我任教的第二所学校，条件虽然比第一所学校要好一点，但依然是粤北山区里的乡镇小学。犹记得，去一趟县城要两三个小时，路途其实并不算远，就是常常塞车、车子有故障，且沙子、石子铺的简易公路异常颠簸，陡坡较多，速度也比较慢。每次去县城都得带着行李准备住宿的。如今，有高速路只有30分钟即可到达。那个时候的我非常年轻，但却明白"非宁静无以致远"的道理，只有静下心来，潜心苦学，才能帮助自己的学生走向成功！因此在这里度过了上下求索、攀登教育教学艺术之路的九年。

1996年，承担校级课题"如何转化数学学困生的研究"实验与探索。这是我做的第一个课题，而且是只有我一个人在做的课题。因为，那个年代，又在那么偏僻的乡村小学里，知道课题的老师是极其少的，而做课题的老师就更是凤毛麟角了。年仅24岁且又腼腆的我，也没有勇气邀约"前辈"来参与我的课题研究。这个课题，没有特别规范的课题资料，却在一定程度上解决了我的教学难题，让我尝到了做课题的甜头。此课题的产生源于我在教育教学中遇到的困难。在教学实践中，发现学生的差异是客观存在的，面对数学学困生，该怎么办？带着问题，开始了"如何转化数学学困生的研究"的实验课题研究。在实验过程中，注重以爱来陶冶学生。关心热爱每一位学生，理解学生、相信学生、尊重学生、赏识学生、接纳和宽容学生，用发展的眼光来看学生，使自己在学生的心目中，既是良师又是益友，有时还是慈祥的母亲。勤家访、多谈心，讲究方式方法，不但使学生的智力得到发展，而且还重视对学生进行思想品德教育和心理健康教育，努力提高学生的思想素质和心理素质，使学生健康地成长。加倍关心"学困生"，总结出了行之有效的"三法"（个别辅导法、课内外结合辅导法、学生互助辅导法）、"四心"（爱心、耐心、恒心、信心），切实做好学困生的转化工作，使很多学困生不再"后进"。通过对"如何转化数学学困生的研究"的实验课题与研究，积累了很多有关转化数学学困生的经验和做法，使很多学困生得到进步和提高。在研究的过程中，我发现，学困生的数学学习需要"特别"的引导，需要更有趣的数学课堂，需要更有效的数学训练方式，需要更有用的数学实践活动。对于学习兴趣不够浓的学困生来说，更需要把数学与他们最熟悉的事物联系起来，数学让他们感到越熟悉，就越容易理解；数学让他们感到越有趣，他们越喜欢学；数学让他们感到越有用，他们越希望学。我也把这些做法凝练成文《三心六重——谈小学学困生培养的几个关键》，荣获县优秀论文评比一等奖。

在实验中，我发现，一名教师，光有一腔热情，有一颗爱心、耐心、恒心和信心是远远不够的，还需要有才能，其中一点就是上有吸引力的数学课，当一名学生喜爱的好教师。可是，教师要创造一个特别有趣的课堂实在不容易，需要很多条件，其中一个就是教学"内功"。于是，我开始了刻苦的训练。一是练好语言关。能说一口流利、标准的普通话是教师的基本功之一。为此，坚持观看中央电视台的新闻，模仿节目主持人的普通话，而且挤时间认真练习普通话，对着镜子一字一句地练，直到读好了为止。有时边练习边录音，然后听自己的录音，从中发现不足，及时改正。通过勤学苦练，普通话水平不断得到提高。二是过好态势语关。教师是学生的楷模，在课堂上的一举一动、一颦一笑要富于感染力，对调动学生的学习积极性、主动性和创造性，特别是营造和谐的课堂氛围起着关键的作用。因此，在练习普通话的同时练习体态语，如疑问的时候，激励学生的时候，暗示学生改正缺点的时候，表扬学生的时候……教师是什么表情？眼神怎样？手势怎样？面部的表情怎样？经过反反复复的练习，对学生变得更有亲和力和吸引力。三是把好课堂关。为了探索提高课堂教学效率，认真学习现代教育教学理论，系统钻研小学各年级的数学教材和课程标准，准确把握小学数学各年级的教材特点和教学要求，遵循教师为主导、学生为主体的原则，根据教材特点结合学生的实际情况，采用灵活的教学方法，重视学法指导和学生能力的培养，注意把趣味性、知识性融为一体，使学生学得轻松、愉快，大大提高了教学效率。写出了《趣、活、实、巧——谈上好小学数学课的几个关键》一文，融合县优秀论文评比一等奖，并在县骨干教师培训中，被专家作为范文进行宣读。

岭背这个偏僻的山区小镇，是我挥洒了11年青春的地方，在这里学习，在这里不断地成长着。从来没有停下前进的步伐，大踏步走在攀登路上：生病了，没有请假；结婚的时候，没有请婚假；孩子出生了，没有请育婴假；放学了，仍然在辅导学生……第一篇获奖论文是左手抱着才出生几个月的女儿，右手拿笔写成的。学生在成长，我也不断地成长：从一名年轻的普通女教师逐渐成长为学校的教学骨干、县的教学骨干、县级名教师培养对象、省级德育骨干教师；由普通教师逐渐成长为学校的少先队总辅导员、教导处主任；从普通的教师到担任继续教育普通班和提高班的辅导员，每星期为本镇教师上辅导课达4课时，历时两年；多次承担县级、镇级和校级公开探索课，每次均能获得听课者的一致好评……这一切，给了我动力，坚定了探索小学数学教育的信念。

在担任继续教育辅导员期间，我负责给普通班和提高班老师上的是数学，既讲数学基础知识，也讲数学教育教学方面的问题。我惊奇地发现，原来山区教师的素质是如此的参差不齐，有的老师原来就是初中刚毕业，他们长期任教小学一、二年级，压根儿不知道高年级学习什么，个别老师甚至无法学会异分母分数加减法的计算方法。这个经历，也成为催我前行的动力之一，更是我后来一直做课题、带团队共同研究的动力之一。

第四节　实验的好氛围，研究的好时光

30岁时，我从岭背中心小学调入了阳山县实验小学。看着"实验"这两个字，我是多么的开心，同时，我也知道未来的教学之路还很漫长，只有百折不挠、不遗余力地去追求和探索，才能让家长的期待变成现实，才能满足学生对知识的渴求，才能使自己在教育教学以及教育科研等方面更上一层楼，使自己成为一名研究型的教师！才能去帮助年轻的教师走向成功！

《学记》中有句名言："教育者，长善而救其失者也。"我们都知道每一位学困生的身上都有闪光点，都有其长处。老师不但善于发现他们身上的闪光点，更善于给他们创造"闪光"的机会，让他们知道老师一直在关心他们，信任他们，他们也能为班集体做很多有益的事，也能为班集体争得荣誉。小欧活泼好动，上课不专心听讲，还爱搞小动作，对班集体漠不关心、对数学不感兴趣。为了教育好小欧，一年来，深入他家家访、找他谈心不下20次，经过观察和了解，发现他不仅画画得好，书法也练得好。于是在班内举行了一次手抄报比赛，并由学生评议，当听到同学们不断地赞扬他的作品的时候，小欧笑了。我问他："同学们为什么表扬你呢？你想不想同学们表扬你上课表现得好呢？"在老师和同学们的帮助下，他上课专心听讲了。接着又耐心细致地给他开"知识小灶"，使他不仅过了计算关，而且会解答很多的应用题了，还经常提出问题，并积极地去解决问题，数学成绩由原来的20多分提高到70多分，期终还被学校评为"学习积极分子"。看着他微笑着上数学课的样子，我真的好开心。学生的进步不仅体现在学业成绩上，更重要的是体现在学习态度、学习习惯、学习方法和思想表现上。他在数学周记中写道：以前的我，最讨厌学数学了，想到上数学课我就烦；现在的我，可喜欢上数学了，总是盼望着上数学课。以前的我，上课不遵守纪律，不关心班集体，现在的我好喜欢我们的班集体，我要为集体争光……

我发现，教育不能唱"独角戏"，教数学的老师不能只教数学，要和其他学科相融合；数学老师不能"孤军奋战"，要和其他老师结盟，成为学生成长路上的"盟军"，形成合力，才能发挥效力；数学老师不能仅是教书匠，更应该是研究者，只有这样，数学教育之路才能走得更好，跑得更远。

我下定决心，要努力使自己成为"研究型"的教师。我潜心教改，切实开展实验课题与研究，理论联系实际，把教育科研融入实践当中，边实践、边研究、边总结，在实践中锻炼，在改革中成长。

一、承担省级课题"小学数学教学资源的开发与利用"的实验与研究

2008年7月，我有幸成为广东省基础教育系统"百千万人才工程"第四批省级名教师培养对象，并于2008年9月承担了省级课题"小学数学教学资源的开发与利用"，于2010年8月结题。我积极投入实验，坚持用好教材、用活教材、善用教材、巧用教学资源，重视学生个体对客观世界的体验和对数学价值的感悟，让学生通过把在电视上、报纸杂志上、图书、日常生活中、游戏、大自然里、其他科目中、网络、社区……发现的、收集到的数学问题作为教学资源，让数学教学资源更好、更充实、更适用，使数学生活化，使课堂更活，使学生越来越爱学数学，越来越善于学数学。所撰写的论文《引导小学生开发与利用数学学习资源》于2009年8月荣获市二等奖；《让问题的发现和解决成为培养学生能力的阶梯》一文发表于省级刊物《师道》教研版（新编第106期）。2010年4月16日还面对全县数学教师上了一节题为《体积与容积》的课题研讨课，受到了听课者的高度评价；所撰写的论文《让学生成为学习资源的开发者与利用者》于2010年5月中旬发表于国家级刊物《中国教师》2010年第10期。

二、参与市级课题"小学数学自主学习的研究"的实验与探索

作为课题组的主要成员之一，我很喜欢承担探索课，这样可以得到许多宝贵的意见，有助于实验的开展。多年来，坚持每一节课都围绕所开展的课题实验来设计教案，还常请老师来听我的课，课后虚心听取老师们提出的建议，及时反思，并写好教学日记。就这样，不断实践、不断总结，孜孜不倦地探索

着，以科学的态度、发展的眼光和满腔的热情把自己融入课题实验当中，以"研"促"教"，所任教的学生不仅知识水平得到了提高，而且能力也得到了提高。我成长为市级青年教师基本功比赛市级一等奖第一名的获得者，在2005年参加广东省第四届小学数学优质课评比活动中，荣获二等奖。所撰写的教学论文《自主学习教学模式探索》《发现·探索》《让学生自由地练》《激趣、探究、应用、评价、延伸——谈新课程理念下如何引导学生自主学习》《让计算教学充满魅力》《让问题的发现和解决成为培养学生能力的阶梯》《活化过程　累积术语　细化步骤——浅议应用题教学的几个关键》等29篇分别在县、市、省等各级教育教学刊物上发表或获奖。所任教班级的学生视野得到开阔，知识面得到拓宽，合作意识、探究能力、自主学习能力和创新能力都得到了提高。

我身处实验的好氛围里，在探索中"悄然"生长。于我来说，这是一段研究的好时光。

第二章

追求"好玩"的"学用式"数学

多年的教学经历，我发现，山区小学生数学学习效率普遍不高，这与学生学习数学的兴趣不浓是有关系的。在许多学生的眼里，数学就是做题，甚至把数学等同于数学题。随着年级的递增，学困生的人数也在递增，特别是数学科，掉队的人数越来越多，而偏僻的乡村小学，这种现象则更为严重，我看在眼里，急在心上。

兴趣是最好的老师，如果能让数学好玩些，也许，喜欢数学的学生就会多一些，学好数学的学生就会多一些，学困生就会少一些。于是开启了我的"学用合一 数学好玩"的研究之旅。

第一节　忆"数学之好玩"

数学好玩吗？大部分成年人认为数学是不好玩的，为什么？许多人一说到数学，想起的就是那些复杂的计算，就是那些令人头疼的函数，就是那些无法证明的证明题。更有甚者会说数学是她的"高考噩梦"，正因为数学，她才与大学无缘。有一次去家访，家长说："老师，小朋友数学学得不好，都怪我的遗传基因不好，因为我小时候数学就学得特别不好，就没有考过一次及格，他起码比我好，还考了两次及格。"

一部分成年人认为，数学很好玩，我就是其中一个。犹记得那种废寝忘食研究数学题的情景，忘不了寒冬腊月的深夜突然梦中解出了难题，欣喜得忘记了寒冷和疲惫，爬起床，飞快地写下答案的经历。也忘不了，全班同学都无法解出的难题却被我攻克的那种成功感；更忘不了，被许多同学围着听我讲题的骄傲。于是，我总结自己觉得数学好玩的原因有三个：一是数学自身有魅力，它是有挑战性的、逻辑性的和神秘感的。在那个书籍相对匮乏的年代，数学给予我这个对于"未知"充满渴求的少年来说是充满无限探索魅力的。学习语文的新知识，课文总是有结尾的，无论什么文体，都是有结尾的，而数学不同，新知识学完了，我们才有了开启新的数学探索之旅的"筹码"，而且，我们的探索往往越深入，越不想停下来。换个角度，换个条件，换个问题，换个说法，就有不同的思维过程，就有不一样的结果。学习数学对于我来说，是一件多么有意思的事情。二是数学学习有成功体验。有的同学笑我，你觉得数学好玩的原因是许多人学得不好，而你却学得很好。这句话我进行了二次解读，觉得是有道理的，那就是，你要觉得那一门学科好玩，当然需要有体验成功的机会。试想，如果你在该学科学习的过程中，总是没有体验成功的机会，你会觉得这门学科好玩吗？再想想，如果你总是听不懂、看不懂、想不明白，那就会出现"水过鸭背""鸭子听雷公"等状况，又怎么会觉得数学好玩呢？三是数学学习有动力。犹记得父亲讲过的一句话"读书是你们唯一的出路"。这句话是激励着我们几兄弟姐妹勤奋学习的格言，父亲早早离开我们，可是他的这句话却一直伴随着我，成为我对许多贫困少年寄予的话语，这其实和习近平主席说的"扶贫要扶智"是相通的。那个时候的我们，为了跳出"龙门"，就得认真读书，自然，学习就有了动力，学习数学就更有了动力。

当然，我没有偏科，每门功课都学得很好，这也是我为什么把"数学学习有动力"这一个原因放在最后的缘故。但是细细思索，又觉得不应该放在最后，激发学生的内驱力，让他们产生学习的动力实际上是最关键的。有了动力，学生才会主动去寻求解决问题的方法，主动去挖掘数学的内涵，发现数学的魅力，理解数学的特点，感悟数学的价值，体验学习数学的成功。

第二节　念"梦中的数学"

　　小时候，做了许多的梦。大部分是噩梦，好梦却是极少的。最令人难忘和感激的是梦中的数学。心中有数学，脑中有数学，梦中才有数学。正所谓，心心念念，梦中出现。如今，我也特别羡慕那个时候的我，经常梦中有数学，如今的梦，大多是"惊梦"，有时是错过了上课时间，吓得从床上蹦起来，一看手机，早着呢；有时是丢失了自己的孩子，一看，睡得正香呢。所幸的是"惊梦"暂时未成真。当然，也有好梦，一节数学课应该怎么上，冥思苦想，就是没有满意的方案，一篇数学论文，怎么修改都不满意，往往在梦中就出现了，同样是欣喜若狂，同样是半夜起床挥毫，一蹴而就，无限畅然！

　　我与数学的不解之缘，清醒时候是它，梦里依然有它。因为热爱，所以执着，因为执着，所以有梦，因为有梦，所以好梦。我带着感恩的心小心翼翼地对待我的数学之梦。小时候，在老师的教导和帮助下，我如饥似渴地学习着数学基础知识，虽然没有学过奥数，没有猜过数学谜语，没有听过数学家的故事，但我面对那一道道数学题总是津津有味。步入讲台，数学成为我和学生的桥梁，我与学生，与导师、朋友也因为数学而结缘，我多么希望，我的学生梦中也有数学。可是，理想是丰满的，现实是残酷的，经过了解，学生的梦中有游戏、肯德基、麦当劳、动画片的很多，而梦中有数学的学生几乎没有。为什么会这样，众所周知，梦中的数学并不是凭空而来的，正所谓"日有所思，夜有所梦"，日无所思，也就夜无所梦了。当然，如今的学生遇到不懂的问题可以向家长请教，自然有了家长解惑；有的家长会把孩子送到培训机构，自然有培训机构的老师解惑，学生那种冥思苦想的机会自然荡然无存了。从这个角度来说，现在的学生应该羡慕以前的我，因为我得到答案是自力更生而来的，探索答案的过程是激发自身潜能的一个过程，那种苦尽甘来、柳暗花明的感觉现在的许多孩子是没有体会过的。脑海里突然蹦出"留白"这个词语，学生遇到难题，适当给他"留白"，就是不要急于为他分析讲解，而要给他独立思考的时间，让他自己去"悟"，把他的潜能激发出来。

也许，梦中的数学并非"梦"中的教学，而是现实中的数学，更是心中的数学。

第三节　悟"真实的数学"

　　学习数学是需要"悟"的。这个"悟"的过程是需要时间的。孩子遇到不会做的数学题其实是一件常理之事，有的家长一边数落孩子上课不认真听课，一边给孩子讲解，讲一遍，数落孩子的，数落老师的……开始上演。孩子惶恐，家长生气，惶恐中的孩子怎么能更好地理解数学问题，更不要说保持冷静清醒的头脑去审题和理清解题思路了。而小时候的我却是幸运的，看到父母为生活奔波劳累，家徒四壁，自顾无暇，暗下决心要改变现状，自然奋力读书。遇到不会做的题目是家常便饭，的确解不出来时，就谨记老师的话，不要留空白，按照自己的想法，写下目前能想到的最佳答案。这样就保证按时交作业了。可是，没有真正地解出题目来，我却是誓不罢休的，走路想、吃饭想、洗衣服想、挑水想、睡前想……衣兜里带着笔和自己用针缝制的小本子，以保证可以写写画画。就这样，我的数学越学越好，那个时候的我，和别的许多女孩子不同，我对于数学难题是极其喜欢的。

　　不可否认，"悟"的过程有时候是很苦的。一道题，看着可以解决了，可是解来解去，却无法得到答案，仿佛走进了"死胡同"。此时此刻，有的选择放弃，等待正确答案；有的选择与同伴（如父母、同学或朋友）合作，协同解题；有的选择独立思考，继续努力。只要不放弃，选择什么方式都是可以的，那是一个考验人的意志，锻炼人的技艺，培养人的思维的过程。许多学生经过反复读题，反复画图，反复分析，反复演练，换个角度，换种方法……碰壁是常有的事，碰壁多了，成功的次数也就多了，积累的经验也就多了，难题渐渐地也就不怕了，不怕了，也就不难了，不难了，也就容易了，容易了，也就有信心了，有信心了，就觉得数学难题有挑战，自然有了好玩的味道。我想说："吃得苦中苦，方悟数之乐。"

其实，数学好玩，不是说学习数学像娱乐一样好玩，也不是说学习数学像玩游戏一样轻松。数学学习有时候是"痛苦"的，我们或多或少有这样的经历，一道题，怎么都解不出来，走路的时候在思考，吃饭的时候在思考……可谓是冥思苦想，这个过程是"痛苦"的，但当问题得到解决的时候，会有一种特成功的感觉！那个时候会特别的开心！想想我们的生活，又何尝不是"山重水复疑无路，柳暗花明又一村"，这又何尝不是一种快乐？！

看来，我们对数学好玩的理解，不能仅仅是字面上的理解。这里所讲的"数学好玩"其实指学生在学习数学的过程中，能够感悟数学内在和外显的魅力，面对数学学习中的困难能够勇于挑战，积累解决问题的经验和方法，让自己有机会体验解决问题的成功感，逐渐树立学好数学的自信心，在经历探索数学问题的过程成长，热爱数学，执着探索数学之趣、之谜、之美、之魅。数学好玩，是建立在学生对学习数学有兴趣，能够感悟数学的价值、数学的逻辑之美，数学的抽象之美，数学的推理之美，数学的简约之美，数学的规律之美的基础上的。而不是学习数学就要天天玩数学游戏，天天猜数学谜语，天天讲数学故事……这些都是提高小学生数学学习兴趣的方式，是一种激发学生去学习数学的过程性方式而已，并不是最终的目标。而只是吸引他入门的方法，入门后，当学生真正感悟数学自身魅力的时候，他才会真正好玩数学，玩好数学，觉得数学好玩。

第四节 思"好玩的数学"

数学教学也是需要"悟"的。这个"悟"要分成两个层次，一个层次是站在学生的角度去"悟"，一个层次是站在自己的角度上去"悟"。这个"悟"的过程既需要自己的实践，也需要拜师学艺。一方面可以拜书报为师，在文字中寻找方法和答案；另一方面可以向老教师学习，特别是争取向数学领域中著名的专家学习，向数学课上得好的特级教师学习。学习后要实践，实践的过程中要比较和分析，这样教好不好，如果好，好在哪里，还可不可以更好，要怎么样做才可以更好；如果不好，哪里不好，可不可以好一点，要怎么办才能好一点。经常有这样的思考，经常思考后去改进，你的数学课才有可能好玩，你上的数学课里的数学才有可能是好玩的，你的学生才会体验到数学是好玩的。

好玩的数学课有哪些特点？我想，好玩的数学课首先是有趣的，其次是能够理解的，再次是有用的。那么，教师就要为学生创设好玩的数学教学情境，提供好玩的数学学习素材，渗透化难为易的数学学习方法，培养迎难而上的数学学习品质等。要做到这些，不是一朝一夕可以完成的，需要细水长流、潜移默化，结果水到渠成，皆大欢喜。为此，我领着团队开展了一系列的研究。

第五节　盼"好玩的数学"

经过了解，许多学生认为，数学好玩其中的一个标准是"数学是有用的"，而学以致用又给学生一种成功感，让他们对数学更有兴趣。"小学'学用式'数学教学方法的实践研究"拉开了好玩的"学用式"数学的序幕。

众所周知，随着科学技术的飞速发展，数学的发展涉及的领域越来越广泛。国防、宇航工程、数字化的家电系列、临床医学、市场的调查与预测、气象学、农业技术等都体现着数学的广泛应用。但是，我国的数学教育特别是边远地区的数学教育仍存在以下问题：学生不善于在现实生活和学习中活用所学知识；在对事情和情境进行数学的解释、用数学的方法和观点解决问题、用数学表达自己的想法等方面有所欠缺。许多教师深知在挖掘潜能、培养能力、关注学生情感、注重方法引导、资源整合等方面的必要性和重要性，但缺少"学用式"数学教学方法的实践研究，许多教师的数学课堂只是停留在利用外部刺激的策略来增强数学课堂的趣味性，而不够重视甚至是忽略了数学知识本身的魅力挖掘，对数学在科技、国防、生产等方面所发挥的巨大作用了解不多，学生运用所学知识解决生活中的数学问题的机会不多。

我们许多教师的数学课堂只是停留在利用外部刺激的策略来增强数学课堂的趣味性，而不够重视甚至是忽略了数学知识本身的魅力挖掘，他们运用所学知识解决生活中的数学问题的实践机会不多。部分教师为了"高分"，往往只重视答数学题，不惜让学生置身题海中，导致学生虽取得高分，但能力却不强。小学生不善于在现实生活和学习中活用所学知识，不善于对事情和情境进行数学的解释，不善于用数学的方法和观点解决问题、用数学表达自己的想法。

有一部分小学生觉得学习数学对于他们来说是一件既枯燥又困难的事情，他们的学习处于被动状态，兴趣不浓，学习态度不够端正、习惯不佳、方法欠当。他们大多表现为：课堂上"身在教室心在外"，课后作业能抄则抄，不能抄就空着吧；成绩能瞒则瞒，不能瞒就挨几句家长的批评吧。一部分学生数学考试的分数虽然很高，但是一旦遇到没有反复练习过的题型或者题目，就会束手无策，究其原因，当然是很多的，其中一点就是学生的高分是通过反复做题而来的，说白了就是"刷题"。不可否认，刷题的确是可以让许多孩子取得高分的，学习数学，适当适量适度的练习也是必需的，但前提是建立在经历了新知识的产生过程以及对知识真正理解的基础上，这样的基础上应用新知识解决问题是非常必要的。为此，我于2014年开始了"小学'学用式'数学教学方法的实践研究"。

小学"学用式"数学教学的含义是通过创建"学用式"数学课堂，把"学习"与"应用"结合起来，体现学用并重，学以致用，以用促学，学用合一。通过对要解决的问题进行梳理，确定三大探索内容。一是研究探索小学"学用式"数学教学有效的基本方法。二是研究探索小学"学用式"数学教学方法中的主要教学技术。三是研究探索小学"学用式"数学教学方法中的学生学习策略。

在研究过程中，主要采用调查法、行动研究法、经验总结法相结合的办法，立足课堂内外，采取"实践—反思—实践—反思"为基本研究方式，围绕三大研究内容，经历了三个研究阶段。

一、解决问题的过程

2011年3月至2013年12月是校本探索阶段。2011年"小学'学用式'数学教学方法的实践研究"课题被确立为校级课题，我们通过理论学习、课堂教学研讨、课题主题式研讨活动等进行探索，并初步探索出三大方法。一是课始数学万花筒活动。学生在课前搜集生活中的数学问题，课始轮流走向讲台与同学分享。二是数学节。数学节的活动内容有算二十四点、数学手抄报、数学课本剧、数学拼图、猜数学谜语等。三是初步探索出小学"学用式"数学课堂教学的四大基本模式，分别是：试学试用、边学边用、现学现用、活学活用。

2014年1月至2015年4月是市级课题研究与初步推广阶段。2014年该课题被确立为市级课题。这一阶段我们通过理论学习、课堂教学研讨、课题主题式研讨活动、头脑风暴式研讨活动、课题小结会等进行研究。把"小学'学用式'数学课堂教学的四大基本模式试学试用、边学边用、现学现用、活学活用"概况为

"四学四用教学法",并探索小学"学用式"数学教学方法中的主要教学技术。

2015年5月至2017年5月是省级课题研究与推广阶段。2015年该课题被确立为省级课题。这一阶段我们继续通过理论学习、课堂教学研讨、课题主题式研讨活动、头脑风暴式研讨活动、课题小结会等进行研究。一是以数学实践活动课为载体,探索出小学"学用式"数学"三心三性实践活动法";二是探索出小学"学用式"数学"六步学习法";三是在理论上进行总结和完善,把课题研究成果概括为小学"学用式"数学"6·4·3教学法";四是按课题要求开展常规研究和推广活动;五是整理资料,并撰写专题论文、实验总结、研究报告等。

二、解决问题的方法

针对课题研讨内容和课题研究的重点和难点,通过理论学习、课堂教学研讨(备课、上课、议课、说课、评课)、课题主题式研讨活动、头脑风暴式研讨活动、课题小结会等进行研究。

(一)夯实基础,理论学习伴始终

为了夯实课题组成员的基础,提高理论水平,我们积极参加研修活动,加强理论学习。研修学习形式多样,有集中学习与个人学习的结合,更多的是充分利用计算机辅助学习,阅读电子版的教育教学论著、名篇;利用博客、微信、QQ群等进行学习互动等,在博采众长中提升自身能力。我们还走出去,到了东莞、深圳、清远、肇庆、广州、安徽、北京等地学习交流。拓展了视野,拓宽了知识面,提高了理论水平。

(二)专家引领,课题研究如期行

课题实验研究得到了市教育教学研究院、阳山县教研室的指导。市教研院邓溯明院长、李翠华主任、章江铢老师和县教研室毛爱群老师多次亲临指导,还通过电话、微信、QQ等进行指导。如2015年9月14日,省级课题《小学"学用式"数学教学方法的实践研究》开题报告在阳山县实验小学成功举行,市教育教学研究院李翠华主任、章江铢老师,阳山县教育局教研室吴楚怀副主任、毛爱群老师,本县教师约两百多人参加了此次活动。在活动中,赖宁静老师做了开题报告,李翠华副主任对课题取得的阶段性研究成果给了充分的肯定,并提出了许多建议。课题组成员杨凤球老师上了课题展示课,对课题研究成果进行初步的推广,受到了听课者的一致好评。

（三）根植课堂，教学研讨不停歇

课堂是我们开展课题研究的主阵地。两年多来，我们根植课堂，不断地进行课题实验研究，通过备课、上课、议课、评课、说课等一系列磨课活动，使课题组的老师们在磨砺中提升。在一次又一次的备课、上课、议课、评课、说课等活动中循环做着一件事情：实践—总结—实践—总结……按计划践行着我们的实验，探索出了小学"学用式"数学教学有效的基本方法、小学"学用式"数学教学方法中的主要教学技术、小学"学用式"数学教学方法中的学生学习策略。

1. 研讨课中探索"学用"路径

每学期至少上一节课题研讨课。根据课题研究的重点难点确定研究主题，上课者带着主题进行初备课，再发给课题组其他成员，其他成员提出修改意见，讨论后定教案。然后上课，再进行评课。根据实际，有时候还会再上课，再评课……通过课题研讨课，探索小学"学用式"数学教学方法、学法及主要教学技术等。

2. 常态课中凸显"学用"融合

实验教师在日常的常态课中，就注意把"学习"与"应用"结合起来，体现学用并重，学以致用，以用促学，学用合一。

3. "课题+"活动展"学用"风采

俗话说"三个臭皮匠，赛过一个诸葛亮"。为了集思广益，同时推广课题研究成果，每学期均开展两次"课题+"系列活动，活动包括课题展示课、专题讲座、课题专题座谈会、课题组展板展示等。如2015年12月30日上午，省级课题"小学'学用式'数学教学方法的实践研究"课例展示暨清远市赖宁静教师工作室教学研讨活动在阳山县实验小学举行，活动吸引了来自全县各小学100多位教师参加。活动采用"课题+"的形式进行，即结合课题研究开展"课例展示+头脑风暴式主题研讨+专题讲座"的形式进行。活动现场气氛热烈，取得了预期的效果。

通过"小学'学用式'数学教学方法的实践研究"，探索出好玩的"学用式"数学教学方法，让越来越多的孩子深入了解数学的作用，乐于探究数学奥秘，善于用数学知识来解决实际问题，体现学有所得、学有所用，以用促学，培养学生的实践能力、应用意识等核心素养的表现，促使核心素养更好地落地。

第三章

初研好玩的"学用式"数学

奥苏伯尔从学习方式的角度将学习分为有意义学习和机械学习、发现学习和接受学习。（《学习心理学》王小明著　第25页）儿童的学习应该是有意义的学习和发现学习，小学"学用式"数学即是如此。小学"学用式"数学教学方法是指学生在教师积极有效的帮助下，开展"学用式"数学学习，具有趣味性、挑战性、实践性、开放性、自主性、探究性、创新性等特点，是充满智慧、灵动、和谐、简约的，培养的是爱提问、喜思考、乐探索，能刻苦钻研、善应用的有智慧的人的教学方法。采用这一教学方法的课堂，既突出学生"学"的过程，又凸显"用"的价值，更注重引导学生用数学解决问题，实现"学用"互融，让学生学"好玩"的数学，体验数学是"好玩"的。

第一节 关于小学"学用式"数学"6·4·3"教学法的概述

通过"小学'学用式'数学教学方法"这一课题的实验研究，探索出小学"学用式"数学"6·4·3"教学法，主要包括：小学"学用式"数学"六要素试学法"；小学"学用式"数学"四学四用教学法"；小学"学用式"数学"三心三性实践活动法"；小学"学用式"数学教学方法中的主要教学技术，特别是小学"学用式"计算类练习的技术。

一、小学"学用式"数学"六因素试学法"

探索出小学"学用式"数学教学方法中的学生学习策略——"六因素试学法"。"六因素试学法"就是指"看、找、画、提、解、搜等六因素学习策略"。"看"指的是看数学课本，先看主题图或者例题，就像数学显微镜，图文符号数字心中清；"找"就是找出主题图或者例题的已知条件，就像数学扫描仪，扫入数学信息脑中存；"画"就是用自己喜欢的符号作标注，就像数学小画家，数学信息问题画一画；"提"指的是提出数学问题，就像问题小银行，提出数学问题存起来；"解"就是尝试解决问题，就像数学解码器，解决数学问题勇敢试；"搜"就是搜集生活中相应的数学问题，并且解决它，就像数学小引擎，搜搜生活网络数学题。在课题实验中，实验教师引导学生运用"六因素试学法"进行课前的试学试用，在试学试用的基础上，再引导学生通过"交流、汇报、总结、评价、应用"等学习知识，通过这样的引导，让学生自己去发现数学问题、去感悟数学的作用、去主动应用所学数学知识解决身边的数学问题，体验数学的价值魅力，从而形成技能，凸显学以致用，提高学生的自主学习能力、学习数学的兴趣和实践能力。

二、小学"学用式"数学"四学四用教学法"

探索出小学"学用式"数学"四学四用教学法"。"四学四用教学法"就是指"试学试用、边学边用、现学现用、活学活用的教学方法"。"试学试用"就是学生在课前采用"六步学习法"进行预习。"边学边用"就是学生在课始进行"数学万花筒分享活动"，在课中以小组为单位交流预习成果、组内释疑解惑，然后进行汇报和回顾总结。"现学现用"就是学生应用所学知识解决课本中的问题和生活中相关的数学问题。"活学活用"就是课后通过"活学活用"让学生用数学知识解决问题，从而激发学生的学习兴趣，突出以学生为主体、重视知识的探究过程，强化实践应用，引导学生主动探索。（见图3-1-1和图3-1-2）

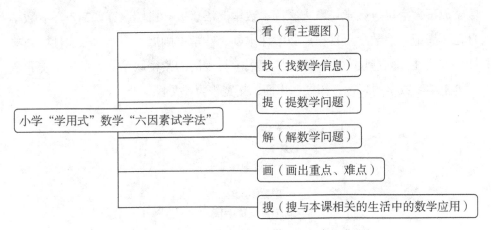

图3-1-1　小学"学用式"数学"六因素试学法"

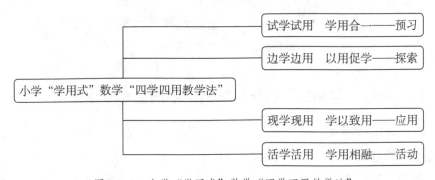

图3-1-2　小学"学用式"数学"四学四用教学法"

三、小学"学用式"数学"三心三性实践活动法"

探索出小学"学用式"数学教学方法中的引导学生进行实践活动的方法，即"三心三性实践活动法"。一是善用好奇心，以"问题性"突出"以用促学"。引导学生从现实生活、从具体情境中提出数学问题，从学生所提的问题中选择出活动任务，为学生积极主动去完成活动任务奠定坚实的基础。从生活中抽象出数学问题；从具体情境抽象出数学问题。二是针对好玩心，以"活动性"促进"学用合一"。把"小学数学综合与实践"内容融入活动中，让学生在活动中经历学习的过程，在活动中生成和积累自己的经验，达到"学用合一"的目的。三是呵护探索心，以"综合性"体现"学以致用"。教师提供机会，让学生综合应用所学的知识，去探索与生活密切相关的、具有探究性的数学问题，去体验数学的作用。如数学节活动，内容有：口算比赛、速算比赛、数学故事大家讲、数学诗歌大家读、数学谜语、数学拼图、算"24点"、数学日记（周记）、数学手抄报、数学课本剧、数学书画展……融"知识性、趣味性、实践性、创造性"为一体，体现数学与生活的紧密联系，感悟数学美，激发学生学习数学的兴趣，拓展知识面，拓宽视野（见图3-1-3）。

小学数学玩算卡

一副数学玩算卡，
玩中算来算中玩。
六年计算卡中藏，
枯燥事儿变好玩。

图3-1-3　小学数学玩算卡法则

四、小学"学用式"数学教学方法中的主要教学技术

本课题的技术指的是小学"学用式"数学教学操作方面的技巧。主要有营造教学情境的技术、引入与结尾的技术、反思与小结技术、练习设计的技术、激发学习兴趣的技术、课后加强数学应用的技术、启发引导的技术、现代

信息技术、计算类练习的技术等。通过研究，探索出营造教学情境的技术有"生活式情境""应用式情境""实践式情境"；探索出引入的技术有"分享式引入法"；探索出结尾的技术有"生活拓展式结尾法"；探索出反思与小结技术有"课堂知识梳理法""课堂教学回顾法""学习方法提示法"；探索出练习设计的技术有"你来我往互考法""生活文本结合法"；探索出激发学习兴趣的技术有"童话激趣法""猜想激趣法""'陷阱'激趣法""辩论激趣法""实践游戏激趣法"；课后加强数学应用的技术有实践性作业、跨学科作业，写数学日记或周记，注重启发引导，并充分利用现代信息技术，提高小学数学"学用式"教学操作方面的技巧。

我们还探索出小学"学用式"计算类练习的技术。小学"学用式"计算类练习的技术就是借助我们开发的"小学数学玩算卡"（见图3-1-4），把"玩"与"算"相互融合在一起的技巧。从而激发学生学习兴趣，提高注意力、计算的速度和正确率。一副数学玩算卡有53张，分成三类：第一类是数字卡，分成四种颜色，每种颜色的卡从数字0至数字9，共40张；第二类是符号卡，分别是"+""-""×""÷"、小数点"."、百分号"%"、分数线"—"、比号":"、小括号"（）"、中括号"［］"共11张卡；第三类是百变卡，百变卡为白色，百变卡代表任何数字和符号，共2张（见图3-1-4）。

图3-1-4　小学数学玩算卡

第二节 试学试用，以用促学，数学好玩

古人说："凡事预则立，不预则废。"试学试用是小学"学用式"数学教学方法的前奏，学生通过课前的试学试用，初步了解学习的是什么内容，初步独立尝试学习了这些内容，知道自己哪些已经学会了，哪些是还有疑问的，为课中的学习奠定坚实的知识基础，同时，也通过"搜"的方式，引导学生把自己的数学眼光引向课外，去发现生活里的数学问题，为学生提供一个培养"三会"（会用数学的眼光观察现实世界；会用数学的思维思考现实世界；会用数学的语言表达现实世界）的机会，也是教师培养学生"三会"的一个好抓手。通过试学试用，培养学生的自学能力、自主学习能力、学习数学的兴趣和实践能力，为学生未来的数学学习特别是在预习习惯、预习方法等方面奠定基础。

一、试学课本知识

试学是提高课堂参与率的基础，是提高学生学习质量的关键之一。试想，如果学生对将要学习的材料一无所知，那么就难以做到有目的地听课，更难以做到有重点地听课了，针对性自然就没有那么强了，效果也就没有那么好。通过课前的试学，学生既知道自己将要学习什么，又知道有哪方面的知识是已经懂了的，有哪方面的知识是需要认真仔细地聆听、交流、操作的。因此，课前的试学是很重要的。叶圣陶先生说："预习原很通行，但要收到实效，方法必须切实，考查必须认真。"可见，试学的方法直接影响试学的效果。

（一）看课本，做标注

许多小学生，特别是低年级的小学生，是不懂得如何看数学课本的，为避免学生看书有口无心、囫囵吞枣，而引导学生边看书边在书上做标注，标注既可以是横线、波浪线，也可以是学生自己喜欢的一些符号、图案，如三角形符

号、问号、感叹号、表情符号等。使学生有个性化的标注符号，如关键词用什么标注，重点处用什么标注，疑问处用什么标注等。如果个别学生不喜欢在书上做标注，他们可以在书中夹上小纸条，或做标签，或做笔记，都可以。建议起步阶段，对学生进行详细的指导，面对低年级的学生，教师可在课堂上进行指导，可以先统一符号，如用横线画出数学信息，用波浪线画出数学问题，用圆圈圈出重点词句、结语等，用问号标出有疑问的地方等，教会学生在试学中怎样"边看边找边画"。再引导学生懂得如何在试学的过程中发现数学问题、提出数学问题、尝试分析数学问题、尝试解决数学问题等，并引导学生搜寻身边（教室里、操场上、走廊上、图书室里、劳动教育基地里、饭桌上、厨房里、超市里……）与所学知识有关的数学问题，在试学中，把学生对数学的研究简化、趣化、生活化。具体如下：

1. 细看情景图，做标注

北师大版的教材编排，通常是有情景图的，提醒学生要细看图，边看边思考：图上有什么？蕴含着什么数学信息？这些数学信息有什么作用？而且一般要按照教材编排的顺序边看边思考，不要急于看后面的分析。一定要在独立思考的基础上往下看。

2. 细读例题，做标注

让学生在细读例题时做标注，使学生的试学是有法可依的。北师大版的教材，伴随情景图的是和所学知识有关的数学信息和问题的描述，要求学生阅读题目时，要善于抓住关键词、数字、单位等，并做标注，使得读后在书上留有痕迹，既跃然纸上，又了然于胸。了然于胸才能胸有成竹，才能有解决数学问题时的下笔如有神，才能降低学习的难度，提高学习数学的"质感"，让数学学习变得更有趣些，甚至是好玩的。

（二）看课本，提问题

小学低年级学生的试学采用帮扶的方式，引导学生边看课本边提出数学问题，一般会给学生提供"试学导航"，让学生跟随着试学导航一步一步地进行试学。随着年级的递增根据学生的实际情况逐步放手，学生就读高年级则一般不给学生提供"试学导航"，而是让学生自行看数学课本，提出数学问题。

为什么小学高年级学生的试学不一定采用提纲式的方法呢？基于以下几个方面的思考。一是源于爱因斯坦曾经说过："提出一个问题往往比解决一个问题更重要。因为解决问题也许仅是一个数学上或实验上的技能而已，而提出新的问题，却需要有创造性的想象力，而且标志着科学的真正进步。"我们要把学生引导得越来越能提出问题，而不是变成只会回答问题的"答题者"。二是科学家证实：大脑喜欢问题。当我们在学习或读书过程中提出问题的时候，大脑会自动搜索答案，从而提高学习效率，并把该问题的原理记得更清楚、更牢固。从这个角度说，一个好的问题胜过一个答案。三是因为小学高年级的学生已经具备一定的预习能力，可以根据课本内容提出问题了，有能力从以往的看书回答问题走向更开放的预习。基于以上三点而要求学生边看书边提出懂的问题猜同学，提出不懂的问题向他人请教。"提出懂的问题猜同学或老师"是给学生提供一个角色转换的机会，从学生的角色变成"小老师"的角色，可以教别人，学生更有成功感，学习的效果会更好。"懂的问题"包括他原来不懂，但通过努力就弄懂了的问题。很多学生为了能够当一个优秀的"小老师"，会在课前非常认真地提出问题，并且做好讲解的准备。"提出不懂的问题向他人请教"，是给学生一个质疑问难的机会，体现学生的虚心好学。

二、了解数学作用

众所周知，数学，起源于人类早期的生产活动。为中国古代六艺之一（六艺中称为"数"），数学被古希腊学者视为"哲学之起点"。数学的希腊语意思就是"学问的基础μαθηματικ，源于ματθημα(máthema)"（科学，知识，学问）。试学体现的是以用促学，即以数学自身的价值促进学生的自主学习，激发学生的学习兴趣，启动学生学习的内驱力。

（一）架设"生活"与课本的桥梁

对于学生来说，生活世界是真实的、看得见或者摸得着的，是可亲可近的世界，而数学书本却主要是由数字和符号堆砌起来的世界，既缺乏温馨，也不可近。教师架设"生活"与课本的桥梁，使数学知识和学生现实生活联系起来，相互融合，引导学生在观察、思考的基础上，选取自己喜闻乐见的身边事并与所学有关的数学知识作为学习素材，进行简单的摘录，以便与同学分享。通过这样，使学生体会到数学就在身边，数学在生活中有广泛的应用，体会学习数学的必要性。

（二）铺就"百科"与课本的通道

数学被使用在世界不同的领域上，包括国防、宇航工程、数字化的家电系列、临床医学、市场的调查与预测、气象学、农业技术等。可是小学生体会不到数学有那么大的作用，因此，教师应该以多角度的素材和丰富多彩的展示，充分体现数学对人类文明的作用。正所谓"百闻不如一见"，就要鼓励和创造机会让学生多"见"，如课前收集数学在各个领域的应用方面资料，再利用课前三分钟与同学分享自己收集的资料，从而拓展学生的视野。如学生在试学《百分数的认识》一课时，就搜集了很多百分数：咀香园卷卷心意原味蛋卷能量营养素参考值25%、蛋白质营养素参考值11%；衣服含棉100%；今天的出勤率100%；电脑中编辑文档、看图片时出现的显示比例有75%，100%，200%；我国国土面积约占世界陆地（南极洲除外）面积的7.1%；我国是世界上最大的节能灯生产国，但产品80%出口。有的学生从网上搜索到：旧金山是个极端例证。波士顿咨询集团公布数据显示，过去5年中，这里的科技工作增长了56%，超过美国任何一座大城市，失业率下降到4.4%。但是这里的房价也上涨了20%，2013年月平均房租3396美元，也是全美最高的。数学和百科知识联系起来了，学生的视野开阔了，数学在学生心目中的作用更大、更有用了。

（三）打造"故事"与数学的乐园

数学教师教学用书（北师大版）六年级下册指出：对于小学生来说，故事是开启兴趣之门的金钥匙之一。教师要打造"故事"与数学的乐园，学生通过阅读数学家的故事、数学趣闻，可以了解到数学知识的产生与发展首先源于人类生活的需要，体会数学在人类进步中的作用。

1. 读读数学故事

教师引导学生读教材中的"数学万花筒""你知道吗？"等栏目，还适当为学生提供阅读材料，读一读数学故事。学生读一读数学家的故事，心中会有个学习的榜样；学生读一读数学促进生产力发展的故事，就能体会到数学的作用。这些数学阅读材料既可以是教师收集的，也可以是学生收集的。使学生们可以说出华罗庚、苏步青、陈省身、陈景润、欧拉、高斯等几个数学家的名字及他们的小故事，知道这些数学家在社会生产生活科技等方面所发挥的作用。

2. 编编数学故事

引导学生口头编编数学小故事，并说给家长或者同学听。学生可以编数学童话故事、数学笑话、数学谜语等。一般不要求学生把故事写下来，因为书写需要较长的时间，目的是使学生在编、说、听故事的过程中提高学习兴趣，训练了口头表达能力和思维能力。

三、试用数学知识

学生的试学效果如何，需要有一个自我检验的过程，那就是试用数学知识来解决数学问题。就如一件新的产品到底能不能用，总得试一试，只要试一试，我们就可以知道它的优点在哪里，缺点是什么，这就为后续的产品改善提供了依据。学习也一样，试用所学的知识来解决问题，你才能知道自己哪些方面的知识掌握得好，哪方面的知识还需要在课堂学习中向老师和同学学习，这就使得课中学习的重点和难点变得更为明了，目的性较强，学习效率自然也就比较高了。

（一）选择题目"考考我"

课本中的练习题是由许多非常优秀的专家和老师的集体智慧凝结而成的，非常有层次性和针对性，可以很好地检验学生的试学效果。学生试学了新知识以后，需要在课本中选一道题来考考自己，看能否解答出来，在试用知识解决问题的过程中检验自己对新知识的学习情况，查找优点和不足，提高反思和应用意识。

（二）准备题目"考考你"

吴正宪老师指出：如果一个人对数学有一种需要感，感受到数学在生活中很有用，很有价值，他就会喜欢数学。在生活中、教材中、科技、大自然中、历史学科中、地理学科中……找到出题的素材，设计数学题，用于考考同学或者老师。在教学《百分数的认识》一课时，学生就出了很多"考考你"的题目。

有的学生出的题目是：读出下列各百分数：25.7% 30% 500%；有的学生出的题目是：妙解成语（百发百中 百里挑一 十拿九稳 事半功倍 半壁江山 一箭双雕）；有的学生出的题目是：游戏（剪刀、石头、布。两人共十次，想一想，你赢了对方几次？赢的次数占总次数的百分之几？输的次数占总次数的百分之几？）；有的学生出的题目是：今天股票涨跌幅度9.5%是什么意思？有的学生出的题目是：生活中有那么多的百分数，有千分数吗？有的学生出的题目是：百分数与分数有什么区别？……学生们的小脑袋里藏着可多数学题了。

试学试用，以用促学，是把"学习"与"应用"结合起来。学生在学习中觉得数学是很有用的，学习的兴趣被激起，自学能力得到提高，能在生活实践中自觉应用数学知识，数学才会是"好玩"的。

第三节　边学边用，学用双赢，数学好玩

　　课前学生已经经历了"试学试用"的过程对新知识进行了初步的了解，他们知道自己哪方面的知识已经理解和掌握了，知道自己还有什么疑问，知道重点是什么，知道要研究什么数学问题……在此基础上，教师要紧紧围绕数学广泛的应用性这一显著特点，创造机会让学生边学边用，开展"数学万花筒"活动，并创设"学用大舞台"，让学生在这个舞台上与同学交流彼此的看法、分享彼此的学习成果、展示各自的风采，有虚心的请教、有激烈的辩论、有大胆的质疑、有会心的微笑……如蜂舞花间，采蜜忙。

　　以数学的作用引发学生学习的内驱力，激起学生学习的主动性、自主性和创造性，放手让学生在交流、分享、释疑、辩论、反思中学习，体现边学边用，学用双赢。

一、课始数学万花筒，花开千万朵

　　《新版课程标准解析与教学指导小学数学》指出：广泛的应用性是数学的一个显著特征。其实，几乎每时每刻的生活、生产、科学研究中都运用普通的数学概念和结论，放眼望去，长短、多少、轻重、暗亮无不用数学去衡量，观察四周的时钟、飞机、自行车、微波炉，它们的作用、属性完全不同，但它们无不包含着数学信息。可是，学生却体会不到，为了让学生在生活中找到数学模型，教师就要引导学生把生活实际与小学数学联系起来，使学生亲身体验数学就在身边，感受到数学很有用，产生想研究数学、学好数学的欲望。

　　为了让学生更主动地去了解数学的作用，培养学生的表达能力、实践能力，教师充分利用课始三分钟（预备铃到上课铃）的时间，开展"数学万花筒"活动。每次活动由当天值日班干部当主持人，由一名学生上台当主讲人，

可以讲数学家的故事、自编的和收集到的数学故事、数学笑话、数学的作用、数学趣闻、数学童话，可以猜数学谜语、算二十四点、解数学趣题和名题，也可以出题考其他同学，还可以玩数学游戏，甚至可以播放与数学在生活、生产中的应用有关的视频或微课作品。三分钟的"数学万花筒"活动，时间不长，却给学生提供了一个展示数学魅力和自身才华的舞台，它的作用不仅仅是在台上的三分钟，而是学生在台下的"用功"，因为"用功"，学生收获的不仅仅是三分钟，而是一个无限大的良性效果。每天耳濡目染，学生对数学作用的了解越来越多。很多学生为了能在台上讲得更好，对着镜子一遍遍地练习；很多学生为了使自己讲的内容更吸引其他同学，他们在台下则愿意花更多的时间去读数学读物、去研究数学趣题、去进行数学实践活动……有的学生遇到问题则会从数学的角度出发去思考，希望能够找到数学话题，在台上亮亮相。这样，许多学生讲得越来越好，讲得越好就越喜欢讲，就越来越自觉地拓宽自己的知识面，拓展自己的视野。因此，学与用自然融合起来了。

二、课中"学用大舞台"，蜂舞花间忙

在学生兴趣盎然之际，教师趁热打铁，为学生提供"学用大舞台"，让学生在这个舞台上与同学交流彼此的看法、分享彼此的学习成果、展示各自的风采，有虚心的请教、有激烈的辩论、有会心的微笑……如蜂舞花间，采蜜忙。

（一）你来我往——在小组交流中学与用

学生是学习的主人。"学用式"数学教学方法非常重视创造机会、鼓励学生自己学习，学以致用。因此，首先必须让学生在小组内交流，通过交流提高学习能力。学生交流的话题分成四个部分，一是交流所作的标注；二是交流所提的数学问题并解决所提的问题；三是学生相互改一改彼此已做的练习；四是关于新知识在生活等方面有什么用处的交流。而且要求学生在交流的过程中，为了节省时间，不重复别人说过的问题，他人说过的方法也不重复。这样学生交流起来目的性就强了，交流的效率自然就高了。

1. 交换书来看一看

以四人小组为单位，交换书来看，重点看同伴所作的标注，所提的问题，与自己所作的标注和问题进行比较，边看边口头评价，选出本组做得最好的或者进步最大的以备全班交流。

2. 整理问题解一解

整理小组内同学所提的问题，由组长组织组员解答。这样能避免问题的重复，既节省了时间，又渗透了解决问题的策略。在解决问题的过程中，如果遇到难题则进行小组讨论。对于在小组内无法解决的问题则做好记录，以备进行全班交流。

3. 交换练习改一改

学生在预习的过程中，已经根据自己的实际情况尝试完成一些练习，这也要作为小组交流的内容之一。首先由小组内的同学一起研究出正确的答案，有疑问的可以向数学智囊团成员或者老师请教，然后由组员进行首轮的相互批改，改好后交给老师再次批改。

4. 知识用处说一说

"宇宙之大，粒子之微，火箭之速，化工之巧，地球之变，生物之谜，日用之繁，无处不用数学。"数学与学生的生活有着密切的联系，而且，学生在课前的"试学试用"过程中，已经收集了这方面的资料。因此，学生在小组内要先说一说本节课学习的知识在生活中有哪些地方可以用到，再说一说通过看书、上网搜集到什么资料。从而更好地体验数学的价值美，进一步激发学生学习数学的兴趣。

（二）你唱我和——在全班分享中学与用

学生在小组内进行交流后，再在全班进行分享。教师尽可能放手让学生在全班分享本小组的学习成果，让学生去介绍所作的标注、所提的问题、本节课的重点，让学生去讲解解决问题的方法，即使遇到了疑问，也要把这些疑问抛给学生，让学生去思考解决问题的策略，但是要讲究方法和艺术，正如黄爱华老师在《智慧数学课》一书中的一段描述：学生的思维过程不是直线上升的，往往是螺旋式上升，或者像爬楼梯一样。在某一个点上，学生可能会遇到困难，靠他们自身的力量和现有的水平，无法跨越、上升。这时，教师要充分发挥引领作用，为学生提供进一步上升的台阶，或者说脚手架。在教学北师大版四年级下册《优化——烙饼问题》的时候，学生在课前进行了预习，在课中进行了小组的交流，许多问题已经被学生自身、同伴甚至是家长解决了。如果此刻还有不明白的问题，那么就需要教师来当"领头羊"，把脚步放慢，舍得在学生的疑惑之处花时间，调动全班学生的积极性，以全班同学的力量来释疑解感。一位学生提出："如果每次只能烙2张，两面都要烙，每面需要1分钟，烙9张饼需要多少分钟？"同一个小组的四个同学有四种意见，分别是18分钟、10分钟、9分钟、27分钟。于是，把这个问题放在全班进行分享，学生们纷纷举手发表看法，学生A说："烙一张饼需要2分钟，烙9张饼需要的时间就用2乘9得到18分钟。"学生B说："我觉得即使烙完一张，再烙第二张饼，依此类推，也不用27分钟，所以烙9张饼用27分钟是不可能的。"学生C说："可以两张两张地烙，烙8张需要8分钟，烙第9张饼需要2分钟，一共需要10分钟。"学生D说："可以给每张饼编上号码，再画图解决。"边说边在黑板上画图，得到了9分钟的答案。教师边看边自言自语："饼的张数是双张怎么烙才能尽快吃上饼？饼的张数是单张怎么烙才能……"还没等我说完，学生F说："我们知道烙3张饼需要3分钟，9里面有3个3，所以需要9分钟。"一部分学生鼓起掌来，一部分学生露出疑惑的表情，学生D走上讲台，边画草图边讲解："先烙1号、2号饼的正面用了1分钟；把2号饼取出，放入3号饼，烙1号饼的反面和3号饼的正面，又用了1分钟；接着取出1号饼，放入2号饼，烙2号饼的反面和3号饼的反面，又用了1分钟，一共是3分钟。再用同样的方法烙4、5、6号饼，7、8、9号饼，所以一共用了9分钟。"刚才满脸疑惑的学生们都恍然大悟地点点头，露出了笑容。这就是"学用大舞台"的魅力。

（三）你言我语——在反思总结中学与用

为了使我们的学生在离开小学的校园后，依然能够自己主动地学习和应用数学知识，需要不断地提高学生的学习能力和运用已有学习和生活经验解决实际问题的能力，这些能力的提高不可或缺的是要学会反思、学会总结。因此，在每节课都要安排两到三分钟的时间让学生反思自己在课前试学试用，课始的数学万花筒、交流分享等环节自己表现得怎么样？有没有需要加强的地方？哪位同学的做法值得自己学习？自己是否努力了？在学习和应用知识的过程中热情高不高？……并且要归纳和小结本节课所学习的内容。

"边学边用"是小学"学用式"数学教学方法的主旋律，学与用和谐统一，奏出了趣味性、实践性、自主性、探究性等特点，那智慧、灵动、和谐和简约的旋律萦绕在脑海中，不由得想象着"进行曲"的样子……

（此文曾发表于《师道》教研版）

第四节 现学现用，学以致用，玩好数学

"现学现用"就是学生应用所学知识解决课本中的问题和生活中相关的数学问题。这是一个非常重要的环节。学生探索了知识后，需要一个用本领的机会，在用的过程中促进知识的内化和提升，在用的过程中了解自己是否已经理解了所学的知识，是否能够灵活运用所学的知识来解决数学问题。教师也可以通过这一环节来进一步了解学生的学习情况，并根据实际的情况进行调整。

教师在备课的时候，要根据教材的内容设计"学用式"练习。这里所说的"学用式"练习指的是把数学学习内容尽可能与学生的生活应用结合起来的练习。学生通过练习能够体验数学的作用，能够应用所学的知识来解决相应的问题。"学用式"练习具有实践性、趣味性、针对性、层次性、综合性等特点。例如，在教学《百分数的认识》时，就设计了如下"学用式"练习。

1. 读百分数比赛（比一比，哪列火车开得又快又好）

第一组：1%　　7.5%　24%　0.1%　　32%　　140%　2%

第二组：15%　50%　1.6%　20%　　37.5%　3%　　0.2%

第三组：0.5%　100%　95%　121.7%　7%　　19%　　9%

第四组：300%　8%　　4.3%　52.9%　230%　8%　　2%

2. 找百分数比赛

用百分数表示图3-4-1中的涂色部分和空白部分。教师利用多媒体逐一出示1%～100%，学生口答，教师问：还能找到另外一个百分数吗？从而引导学生分别说出涂色部分的面积是总面积的百分之几，空白部分是总面积的百分之几。

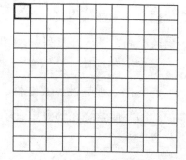

图3-4-1　百分数表示

3. 写百分数比赛

写10个不同的百分数；老师喊停马上放下笔；用带有百分数的句子回答已经写好的个数。我写了（　　　）个，完成了总个数的（　　　）%。

此题的设计，把写百分数变成一个比赛，再把赛果用百分数的形式呈现，把百分数的意义置身于写百分数的活动中，加深了学生对百分数意义的理解，同时也给予了学生利用百分数的知识来解决实际问题的机会，体现了"学用式"练习的特点。

4. 妙解成语

请用百分数表示。

百发百中　百里挑一　十拿九稳　事半功倍　一分为二　半壁江山　一箭双雕

此题的设计，体现了数学与语文学科的融合，从数学的角度看成语，既加深了对成语的理解，也应用了数学知识来解释成语，提高了学生学习数学的趣味性，让数学变得更好玩。

5. 妙解词语（1分钟）

课件出示班上学生在国旗下敬礼的图片及如下文字：标准的少先队队礼。右手五指并拢，高举头上。它表示人民的利益高于一切；党的群众路线：一切为了人民群众的利益；一切为了孩子，为了孩子的一切，为了一切孩子。

"一切"用（　　　）%表示。

此题，把数学与学生身边出现文字结合起来，从数学的角度去初步解读它，既巩固了学生对百分数意义的理解，又对学生进行品德教育。体现数学与道法学科的相互融合。

6. 读百分数名言（1分钟）

天才=99%的汗水+1%的灵感

此题，把名言与百分数结合起来，让学生体验名言中也有百分数，名言也可以用到百分数，同时也让学生明确天才是需要付出99%的汗水的，是通过勤奋而来的，后天的努力更为重要。

7. 游戏：剪刀、石头、布（2分钟）

两人共十次，想一想，你赢了对方几次？赢的次数占总次数的百分之几？输的次数占总次数的百分之几？

此题的设计，寓"数"于玩，即把百分数的应用置于学生非常喜爱的石头剪刀布游戏中，用百分数来表示输赢的情况，让学生进一步体验百分数的意义，比较百分数的大小。

8. 说百分数的意义

请学生把收集到的百分数举起来，相互看看，然后教师问：在生活中找一个百分数，容易找吗？（衣服上、药瓶上、报纸、网络……）怎么那么容易找的？（喜欢用、方便）

说说你收集到的百分数分别表示什么意思？想一想：有没有大于100%的百分数？

此题的设计，把学生的视野引向书本之外，让学生通过找百分数，进一步体验百分数在生活中的广泛应用，进一步理解百分数的意义。同时也培养了学生的数感和应用意识及实践能力。

9. 争当"数学小法官"（3分钟）

（1）甲食堂运来了40%吨大米。（　　　）

（2）百分数后面可带单位名称。（　　　）

（3）27%的计数单位是1%，它含有27个1%。（　　　）

（4）4.19%读作百分之四点十九。（　　　）

（5）大于75%小于77%的百分数只有76%一个。（　　　）

（6）$\frac{39}{100}$和39%表示的意义完全相同。（　　　）

（7）甲数的50%一定比乙数的40%大。（　　　）

此题的设计，让学生以"数学小法官"的身份进行判断，既加深了对百分数意义的理解，也增强了趣味性。

这些"学用式"练习题，让练习变得更好玩，凸显了趣味性、层次性、实践性、融合性、针对性等特点，学生答题面达100%，参与率达100%。也就是说，每位学生都充分参与到练习中来，每位学生都回答了问题，每位学生都学得兴趣盎然。学生的练习过程，习得的不仅仅只有数学，他们的视野被打开了，携着"数学"，走进生活，走进其他学科，走进更广阔的数学世界，在这个过程中，练习不再是枯燥的、冷冰冰的，而是非常有趣的、灵动的，充满了智慧，又是广阔的，数学里有语文、有科学、有游戏、有道法……学科之间是有联系的，让人意犹未尽。这就是我们所追求的"学用式"练习。

第五节 活学活用，拓展延伸，续玩数学

"活学活用"就是课后通过"活学活用"让学生用数学知识解决问题，培养学生综合运用所学知识解决数学问题，特别是生活中的数学问题的能力，培养学生的实践能力和应用意识。

一、盘活所学，走向"三会"

"活学活用"中的"活"是寄予了一种希望，希望学生通过教师创设的机会，既灵活运用所学的知识解决文本上的数学问题，也能灵活运用所学知识解决身边的数学问题；在解决问题的过程中既盘活自己所学的数学知识，也盘活其他学科知识与数学的联系，逐步向着"融会贯通"的目标前行，逐步把"三会"变成自己的。例如，在每个单元的复习阶段，教师布置学生制作"导图式"手抄报，即把本单元所学的知识制作成手抄报，手抄报中有思维导图，但这个思维导图相对比较详细些，里面既包含了知识框架图，又有"错题小银行""问题小银行""趣题小银行""解题小妙招""数学实践园"等，学生既可以自己个性化地设计，也可以添加栏目。在人员的选择上，学生既可以独立完成，也可以与同学、父母合作完成。学生制作"导图式"手抄报的过程实际上就是一个复习的过程，就是一个把碎片化的知识形成块状、形成知识网络的过程；也是一个整理所提数学问题、所收集的数学错题、趣题和实践题的过程，还是一个总结解题方法的过程。"导图式"手抄报的制作，给了学生一个整理所学知识的指引，给了学生一个把数学和美术融合起来的机会，同时，利用"数学实践园"也再次把数学与生活联系起来，提供机会让学生用数学的眼光观察身边的数学现象，用数学的思维思考身边的数学现象，用数学的语言描述身边的数学现象。

二、应用所学，体验"好玩"

"活学活用"中的"活"是给予了一个平台，学生在教师提供的平台上应用所学，锤炼数学应用的技艺，养成数学学习的好习惯，习得数学学习的好方法，形成数学学习的好品质，感悟数学自身的"美"，体验数学自身的"魅"，使数学好玩不是一句空话，而是一种实实在在的感受。为此，教师需要注意激发学生的学习兴趣、突出以学生为主体、重视知识的探究过程、强化实践应用、引导学生主动探索。建议可多创设的数学实践活动。

（一）设计课时数学实践活动

教师在每节课结束后，结合所学习的数学知识点，布置相应的数学实践作业。例如，在教学了《长方形的面积》后布置学生完成以下实践作业：

1. 找，估一估。生活中有哪些物体的面是长方形的？估一估这些长方形的面积是多少？

2. 量，算一算。量一量这些长方形的长和宽各是多少，并算出它们的面积。

3. 比，写一写。比较计算的结果和估计的结果，写一篇题为《身边的长方形》的数学日记。

（二）开展数学节系列活动

每学期开展一次大型的数学节系列活动。此项活动最好以班级或者学校为单位开展，让全校的学生都来过"数学节"。融"知识性、趣味性、实践性、创造性"为一体，体现数学与生活的紧密联系，感悟数学美，激发学生学习数学的兴趣，拓展知识面，拓宽视野。开展的数学项目多样，有口算比赛、数学故事、数学诗歌、数学谜语、数学拼图、算二十四点、速算比赛、七巧板、魔方、数独、数学贴画、数学手抄报、数学拼图、数学剧等，每一项比赛都有具体的活动内容、时间、规则和要求、负责的人员等，历时一个月，全校学生都参加，每位老师都参加。例如，音乐老师参与到数学课本剧、话剧和数学故事的排练，美术老师负责数学剪贴画、数学拼图、数学手抄报的指导和评比等，体育老师在体育课上指导学生用不同的方法测量操场的长、宽等数据，数学老师引导学生利用测量的数据计算出学校各个场地的面积、周长等。

数学节系列活动是从2013年3月开始尝试进行的，坚持到现在已经有10年了，以下是笔者撰写的第一届"数学节"的活动方案。

阳山县实验小学第一届"数学节"活动方案

一、活动目的

融"知识性、趣味性、实践性、创造性"为一体，体现数学与生活的紧密联系，感悟数学美，激发学生学习数学的兴趣，拓展知识面，拓宽视野。

二、活动小组成员

组长：略。

副组长：略。

成员：略。

三、活动内容、时间和规则

1.口算比赛

内容：口算比赛的内容由各级老师商量决定。

时间：3月25日第5、6节由各数学老师组织本班学生举行口算比赛，每班推选2名选手参加年级比赛；级赛于4月1日第5、6节举行。

（每级评选出一等奖6名、二等奖10名，其余为三等奖。每级选派一至两名学生参加口算表演。）

2.数学故事大家讲、数学诗歌大家读

规则和要求：

（1）故事内容包括数学家的故事、趣味数学故事、数学笑话、数学诗歌等。

（2）要自然大方、口齿清晰、表达流畅、精神饱满等。

（3）时间不超过3分钟。

时间：3月1~31日各班发动，学生自主准备。4月1日、2日、3日班内选拔，每班挑选两名选手参加级赛；4月18日第5、6节举行校级比赛。（每级评选出一等奖6名、二等奖6名。低学段和高学段各挑选一名选手参加六一文艺汇演。）

3.数学谜语

在六一游园活动中增加"猜数学谜语"这一环节。负责的老师在5月29日前把谜面和谜底交给本级的数学老师，由每位数学老师组织本班学生开展"猜数学谜语"的活动。

4. 数学拼图

规则和要求：一、二、三年级同学，自己制作大小不同，颜色各异的长方形、正方形、三角形、平行四边形、梯形、圆形。利用这些图形在A4纸上拼出美丽的图案。荣获校级一等奖的作品参加全校展览。

各班选出2～5件优秀作品上交到负责老师处，由负责的老师和年级组的数学老师一起评选出一、二、三等奖，荣获一等奖的作品在学校墙壁栏展出。

（一、二等奖的名额分别为6人、8人，其余为三等奖。）

作品上交日期：5月20日。作品需注明"作品名称"和"作者班级、姓名"。

5. 算"24点"

规则和要求：一副牌中抽去大小王、J、Q、K后还剩下40张牌，其中A，2，3，…，10，依次代表1，2，3，…，10。任意抽取4张牌（称为牌组），用加、减、乘、除（可加括号）把牌面上的数算成24。每张牌必须且只能用一次，如抽出的牌是3，8，8，9，那么算式为（9-8）×8×3或3×8÷（9-8）或（9-8÷8）×3等。

时间：3月25日第6节举行班赛，每班选出两名选手参加4月1日第6节举行的级赛，每级选出三名选手准备参加4月8日第6节举行的校级比赛。

6. 数学日记（周记）

规则和要求：每班选出5～15位学生的数学日记（周记）参加评选，并以级为单位上交到负责老师处，由负责的老师和年级组的数学老师一起评选出一、二、三等奖，荣获一等奖的作品在图书室或风雨活动区展出。

（一、二等奖的名额分别为6人、8人，其余为三等奖。）

作品上交时间：5月20日。作品需注明"作品名称"和"作者班级、姓名"。

7. 数学手抄报

学生可独立或合作完成制作数学手抄报，比赛统一用8开纸，要求规范、整洁、美观、有个性。手抄报内容可包括：数学家的故事、数学名人名句、数学名题、数学趣题、脑筋急转弯、数学日记等。各班选出5件优秀作品参加校"小学数学手抄报比赛"。评选出的优秀作品参加全校展览。

作品上交到负责老师处，由负责的老师和年级组的数学老师一起评选出一、二、三等奖，荣获一等奖的作品在学校墙壁栏展出。

（一、二等奖的名额分别为6人、8人，其余为三等奖。）

作品上交日期：5月20日。作品需注明"作品名称"和"作者班级、姓名"。

8. 速算神童

比赛的内容由各级老师商量决定。

3月25日第6节由各数学老师组织本班学生举行速算比赛，每班产生2名选手参加年级比赛；级赛于4月1日第6节举行，每级评选出一等奖2名、二等奖6名，其余为三等奖。每级由负责老师选派若干名学生参加速算表演。

9. 数学课本剧

由学校舞蹈队排练数学课本剧，于"六一"儿童节汇报演出。

10. 数学书画展

规则和要求：（1）绘画作品：用数字、几何图形等数学元素表现心中的数学，绘画形式不限，比赛统一用8开美术纸。各班选出2～5件优秀作品参加校比赛。评选出的优秀作品参加全校展览。

（2）书法作品：内容是数字诗、数学儿歌、数学谜语。各班选出2～5件优秀作品参加校比赛。评选出的优秀作品参加全校展览。

（3）贺卡：用数字、几何图形等数学元素制作贺卡送给老师或者同学，各班选出2～5件优秀作品参加校比赛。

作品上交日期：5月20日。作品需注明"作品名称"和"作者班级、姓名"。

四、活动安排（见表3-5-1）

表3-5-1 活动安排表

参赛年级	活动内容	负责老师	备注
一年级	口算比赛		
	数学故事大家讲、数学诗歌大家读		
	数学谜语		
二年级	口算比赛		
	数学拼图		
	数学谜语		
三年级	口算比赛		
	数学拼图		
	数学谜语		
四年级	算"24点"		
	数学日记（周记）		

参赛年级	活动内容	负责老师	备注
四年级	数学谜语		
五年级	算"24点"		
	数学手抄报		
	数学谜语		
六年级	算"24点"		
	速算神童		
	数学谜语		
学校舞蹈队	数学课本剧		
书画小组	绘画作品、书法作品、贺卡		
红领巾广播室	数学故事大家讲、数学诗歌大家读		

注：各级负责老师到教导处领取空白奖状并做好颁奖准备。

五、成果展示

1. 数学书画、贺卡、拼图展

2. 数学手抄报展（墙报）

3. 数学日记（周记）展（图书室）

4. 庆"六一"会演

（1）讲数学故事、数学童话或者数学笑话

（2）数学课本剧

（3）低年级口算表演；高年级速算表演

（4）算"24点"现场展示（利用磁性黑板和制作的大扑克牌）

阳山县实验小学

2013年3月

阳山县实验小学第二届"数学节"活动方案

一、活动目的

把数学融入活动中，体现数学与其他学科的整合，使学生感悟数学的价值魅力，受到数学文化熏陶，知识面得到拓展，视野得到拓宽；使学生觉得数学是有趣的、有用的、好玩的；使他们的实践能力、合作学习能力、创新意识等得到不同程度的提高。

二、活动小组成员

组长：

副组长：

成员：全体数学教师。

三、活动内容及规则

1. 口算比赛

一副牌中抽去大小王、10、J、Q、K后还剩下36张牌，其中A，2，3，…，9依次代表1，2，3，…，9。一年级任意抽取2张牌（称为牌组），求出和或差是多少；二年级任意抽取2张牌（称为牌组），求出积是多少；三年级任意抽取3张牌（称为牌组），先把小的两个数相加，再乘第三个数，或者先把大的两个数相减，再乘第三个数（具体规则可根据实际不断改进）。

每班选出两名选手参加级赛。

2. 数学故事大家讲、数学诗歌大家读

规则和要求：

（1）内容包括数学家的故事、趣味数学故事、数学笑话、数学诗歌等。

（2）要自然大方、口齿清晰、表达流畅、精神饱满等。

（3）时间不超过3分钟。

3. 数学谜语

在六一游园活动中增加"猜数学谜语"这一环节。

4. 数学拼图

用颜色各异的几何图形，如长方形、正方形、三角形、平行四边形、梯形、圆形等在8开纸上拼出美丽的图案。荣获校级一等奖的作品参加全校展览。

5. 算"24点"

一副牌中抽去大小王、J、Q、K后还剩下40张牌，其中A，2，3，…，10依次代表1，2，3，…，10。任意抽取4张牌（称为牌组），用加、减、乘、除（可加括号）把牌面上的数算成24。每张牌必须且只能用一次，如抽出的牌是3、8、8、9，那么算式为（9-8）×8×3或3×8÷（9-8）或（9-8÷8）×3等。

每班选出两名选手参加级赛，每级选出三名选手参加校级比赛。

6. 数学日记（周记）

每班选出5～20位学生的数学日记（周记）参加评选，并以级为单位上交到负责老师处，由负责的老师和年级组的数学老师一起评选出一、二、三等奖，荣获一等奖的作品在图书室或风雨活动区展出。作品需注明"作品名称"和"作者班级、姓名"。

7. 数学手抄报

学生可独立或合作完成制作数学手抄报，比赛统一用4开纸，要求规范、整洁、美观、有个性。作品需注明"作品名称"和"作者班级、姓名"。

手抄报内容可包括：数学家的故事、数学名人名句、数学名题、数学趣题、脑筋急转弯、数学日记等。各班选出5～10件优秀作品参加校"小学数学手抄报比赛"。作品上交到负责老师处，由负责的老师和年级组的数学老师一起评选出一、二、三等奖，荣获一等奖的作品在学校墙壁栏展出。评选出的优秀作品参加全校展览。

8. 数学课本剧

由音乐老师排练数学课本剧，于"六一"儿童节汇报演出。

9. 数学书画展

规则和要求：

（1）绘画作品：用数字、几何图形等数学元素表现心中的数学，绘画形式不限，比赛统一用4开美术纸。评选出的优秀作品参加全校展览。

（2）书法作品：内容是数字诗、数学儿歌、数学谜语。评选出的优秀作品参加全校展览。

（3）贺卡：用数字、几何图形等数学元素制作贺卡送给老师或者同学，评选出的优秀作品参加全校展览。

（4）作品需注明"作品名称"和"作者班级、姓名"。

注：

（1）各级负责老师到教导处领取空白奖状并做好颁奖准备。

（2）其他级的学生也可以参加数学手抄报、数学周记，作品交到数学教研组长处后交教导处。

（3）具体的奖励标准可以根据实际情况做适当调整。

四、活动安排（见表3-5-2）

表3-5-2 活动安排表

活动对象	活动内容	负责老师	时间			奖项								负责行政	备注
						一等奖			二等奖			三等奖			
			班赛时间	级赛时间	校赛时间	班赛	级赛	校赛	班赛	级赛	校赛	班赛	级赛	校赛		
一年级学生	口算比赛	组长：组员：各数学教师	3月17日	3月24日		2	4		8	6		12	8			"六一"表演
	数学拼图	组长：组员：各数学教师			4月21日											奖项数量视作品质量而定
二年级学生	口算比赛	组长：组员：各数学教师	3月17日	3月24日		2	4		8	6		12	8			
	数学故事、诗歌、笑话等	组长：组员：各数学教师			4月21日	2	4		8	6		12	8			"六一"表演
三年级学生	口算比赛	组长：组员：各数学教师	3月17日	3月24日		2	4		8	6		12	8			"六一"表演
	数学拼图	组长：组员：各数学教师			4月21日	2	4		8	6		12	8			奖项数量视作品情况而定
四年级学生	算"24点"	组长：组员：各数学教师	3月17日	4月21日	5月12日	2	4		8	6		12	8			
	数学日记（周记）	组长：组员：各数学教师			5月19日											奖励数量视作品情况而定
五年级学生	算"24点"	组长：组员：各数学教师	3月17日	4月21日	5月12日	2	4		8	6		12	8			
	数学手抄报	组长：组员：各数学教师			5月19日											
六年级学生	计算技能比赛	组长：组员：各数学教师					30			40			50			
	算"24点"	组长：组员：各数学教师	3月17日	4月21日	5月12日	2	4		8	6		12	8			

续表

活动对象	活动内容	负责老师	时间			奖　项									负责行政	备注
						一等奖			二等奖			三等奖				
			班赛时间	级赛时间	校赛时间	班赛	级赛	校赛	班赛	级赛	校赛	班赛	级赛	校赛		
一至六年级学生	数学谜语															"六一"游园
舞蹈队	数学课本剧	组长：剧本撰写：组员：														汇报表演
一至六年级学生	数学绘画作品、书法作品、贺卡等		5月12日前上交作品													"六一"展示
一至六年级学生	数学故事、数学诗歌、数学笑话、谜语等		每星期进行一次广播													利用广播室广播

五、成果展示

1. 数学书画、贺卡、拼图展。

2. 数学手抄报展（墙报）。

3. 数学日记（周记）展（图书室）。

4. 庆"六一"会演：

（1）讲数学故事、数学童话、数学诗歌或者数学笑话。

（2）数学课本剧。

（3）口算表演。

（4）算"24点"现场展示（利用磁性黑板和制作大扑克）。

阳山县实验小学

2014年2月

第六节 围绕问题，搭建阶梯，培养素养

《义务教育数学课程标准》（2022年版）在总目标中指出：体会数学知识之间、数学与其他学科之间、数学与生活之间的联系，在探索真实情境所蕴含的关系中，发现问题和提出问题，运用数学和其他学科的知识与方法分析问题和解决问题。教育家波利亚指出：学习任何知识最佳途径是由自己去发现，因为这种发现，理解最深，也最容易掌握其中的内在规律、性质和联系。因此，教师要引导学生学会发现，让问题的发现和解决成为培养学生核心素养的阶梯。

一、在教材中发现和解决数学问题，开启探索之门

发现问题是思维的起点，更是思维的动力。每一套课本都凝聚着多少教育专家和教育工作者的心血，经过了多少次实验和修改。数学课程标准指出：教材为学生的学习活动提供了基本线索，是实现课程目标、实施教学的重要资源。教材为我们提供了有趣的、与儿童生活背景有关的素材，知识系统性强。教师要充分利用这一重要资源，引导学生在教材中发现数学问题，解决数学问题，培养学生的自学能力，为学生终身可持续发展打好基础。

"学习就是学习如何学习""教是为了不教"，在教学过程中，让学生学会如何在教材中发现和解决数学问题，渗透学法指导，使学生找到一条开启数学知识大门的金钥匙。

1. 示范指导，开启发现和解决问题之"序"

小学生年纪较小，知识水平有限，极其需要教师的示范性指导。教师可以选择一个内容，与学生一起看教材，引导学生发现教材中的数学问题，提出数学问题，并把所提的问题写在书本上。然后由教师的示范性指导逐步过渡到

学生独立提出问题。教师可另选一个内容，由学生去发现问题和提出问题，教师巡视指导。我曾选择《圆的认识》一课，学生就提出了很多问题：什么是圆的直径？有多少条直径？什么是圆的半径？什么是圆心？半径和直径有什么关系？怎样画圆？车轮为什么做成圆的？车轴应装在哪里？等等问题。这样，在教师的示范和指导下，学生懂得如何从教材中发现数学问题。接着，教师引导学生寻找解决问题的途径，可以根据自己的实际情况选择适合自己的途径，如阅读教材、上网查阅资料、向他人请教、动手操作、与同学交流等。

2. 养成习惯，开启发现和解决问题之"法"

为了培养学生的自学能力，教师要坚持不懈地引导学生过好"预习关"，使学生养成课前预习的好习惯。要求学生：提出懂的问题猜猜同学；提出不懂的问题向别人请教。这样，学生在预习新课时便有了明确的目标，预习效率自然就高了。因为课前的预习，学生在上课的时候就可以更有选择地学习，学习效率也随着提高了。

3. 注重激励，开启发现和解决问题之"旅"

我们知道，好胜是儿童的天性。因此，教师对能提出问题的学生要表扬；对不能提出问题的学生要以鼓励和帮助为主，切忌讽刺挖苦。可采用活动课的一些方式方法，如开展"比一比，谁发现的数学问题多"、争当小小"发现家"等活动，激发学生自主发现问题，提高学生的自学兴趣，从而培养学生的自学能力。开"学习方法交流会"，让学生说说自己是怎么解决问题的，从而提高解决问题的速度和效率。

二、在实验中发现数学问题，重走探索之路

心理学研究表明，在思维的主体——人的内部条件中，"问题情境"占有极其重要的地位，思维总是在一定的问题情境中产生的，思维过程就是不断发现问题和解决问题的过程。教材中有许多需要学生通过实验来学习的内容，如可能性、圆锥的体积、圆柱体的表面积等，对这部分知识，教师一定要让学生做试验，让学生重走数学家们探索数学知识之路。要求学生边操作边观察并提出数学问题，解决数学问题，在解决问题的过程中不断思考，发现新的数学问题。如在教学《圆的认识》时，我放手让学生通过实验（折一折、量一量）发现数学问题，学生把纸圆对折，出现了一条折痕，发现了第一个问题：把纸圆

对折，出现了一条折痕，这条折痕是圆的什么？（直径），再对折，发现了第二个问题：两条折痕相交于一个点，这又是圆的什么？（圆心），这个点（圆心）把一条折痕分成了两小段，每一小段是圆的什么？（半径）再对折、对折……出现了很多的折痕，这些折痕的长度相等吗？有什么方法可以验证？长的折痕（直径）和短的折痕（半径）有什么关系？在实验中，好奇心驱使着学生们提出了一个又一个的问题，同时，学生又以他们的聪明才智解决了一个又一个的数学问题，他们不断地经历发现问题、解决问题的过程，在解决问题的过程中又发现新的问题，在解决新的问题的时候又发现更新的问题……他们简直就是小小数学家！

三、在生活中发现和解决数学问题，登上探索之梯

数学生活化是数学教育的发展趋势，是学生学习自身的要求。学生的生活本身就是一个巨大的数学课堂，蕴含着非常丰富的课程资源，教师要善于让生活问题走进数学课堂，引导学生善于在生活中发现和解决数学问题，有利于培养学生的实践能力。

1. 提出生活中的数学问题

数学课程标准指出："要让学生亲身经历将实际问题抽象成数学模型并进行解释与应用的过程"，"学生的探索经历和得出新发现的体验成为数学学习的重要途径"。教师要善于引导学生做"有心人"，发现生活中的数学现象或者日常的、非数学的现象与问题中的数学关系，并把它们提炼成数学问题。使学生真切地感受生活与数学的紧密联系，深刻体会生活中不能没有数学，产生"我要学数学"的强烈欲望的同时培养学生的实践能力和操作能力。如组织二年级的学生开展"争夺发现之星"系列活动（活动一：发现自己身上的数学问题；活动二：发现购物中的数学问题；活动三：发现餐桌上的数学问题等）。如活动一：发现自己身上的数学问题，并把发现告诉爸爸妈妈或者爷爷奶奶、朋友、同学。汇报的时候，学生们的发现让我始料未及，生A：我的体重是35千克；身高是127厘米；爸爸还和我做了个实验，我们发现每个人两臂平伸，两手指尖之间的长度和身高大约是一样的；生B：我每天早上和晚上都要喝一杯牛奶，每杯牛奶3元，我一天喝牛奶的钱是6元，一个星期是42元；生C：我今天穿的衣服很漂亮，上衣89元，裤子40元，鞋子90元，一共是219元；生D：

我的每一根头发都是圆柱形的；生E：我"一拃"的长度为4厘米，可以当尺子用；生F：我们家买新车了，我发现所有车的轮子都和我家的车子是一样的，都是圆形的，为什么呢？……这样，学生真实地感受到原来自己的身上也有数学问题，这种朴素的问题情景自然地对学生产生一种情感上的亲和力和感召力，增强了学生的自主参与性。

2. 解决生活中的数学问题

发现问题很重要，解决问题也不例外。学生不仅要学数学，还要会用数学；学生不仅要善于发现生活中的数学问题，还要善于运用所学的知识来解决所发现的问题。所发现的数学问题被解决了，才能体现问题自身的价值，才能使学生进一步体验数学的价值魅力。因此，教师在坚持引导学生提出生活中的数学问题的同时，要培养学生养成注意观察和思考生活中的数学问题，运用数学的思维方式去观察、分析现实社会，去解决日常生活中的数学问题的习惯，培养学生的应用意识和实践能力。这就要求教师创造机会让学生解决生活中的数学问题，特别是在设计练习题的时候，要联系生活实际，引进与现代生产、生活、科技等密切相关的，具有时代性、地方性的数学信息资料，使练习的题材鲜活起来。如在教学《平均数》的时候，我请学生利用所学的知识帮老师的忙，孩子们兴趣盎然，跃跃欲试，我出示了表3-6-1如下的题目：计算赖老师平均每月要交多少话费？

表3-6-1 赖老师一至五月份需交小灵通和全球通话费情况统计表

月份	小灵通	全球通
一月	11元	25元
二月	10.5元	22.5元
三月	17元	23元
四月	16元	24元
五月	20元	35元

这样，学生们在教师设计的练习中亲身感受到了数学的作用。

总之，学生在教师创设的情境中发现和解决数学问题，初步体验从现实生活中抽象出数学的过程。无论是教材还是生活中的点点滴滴，抑或是实验……都是学生的发现之地；看书、交流、观察、思考、议论、争辩、操作……都是他们解决问题的途径，问题的发现和解决成为培养核心素养的阶梯！

第七节 添加佐料，以玩促学，提高素养

《义务教育数学课程标准（2022年版）》指出：教学活动应注重启发式，激发学生学习兴趣，引发学生积极思考，鼓励学生质疑问难，引导学生在真实情景中发现问题和提出问题，利用观察、猜测、实验、计算、推理、验证、数据分析、直观想象等方法分析问题和解决问题；促进学生理解和掌握数学的基础知识和基本技能，体会和运用数学的思想与方法，获得数学的基本活动经验；培养学生良好的学习习惯，形成积极的情感、态度和价值观，逐步形成核心素养。在课堂教学中加点"催化剂"，让学生的数学学习变成一件好玩的事情，在边学边玩中培养核心素养。

数学课堂上的"佐料"是什么？也许是老师和蔼可亲的笑容，也许是一个数学谜语抑或是一首数学诗歌，也许是在学生遇到"数学坎"时那巧妙的点拨，也许是一个数学课堂的"意外"被用好了，也许是学生精彩的发言，也许是一个巧妙的数学问题，也许是一个数学活动，也许是一个数学游戏……不管是课堂教学中的意料之中还是"意料之外"，却犹如一石激起千层浪，催生了学习之需，促进了学习之热情，催生了探索之果。数学课堂成为孩子们探索数学奥秘的实验场，思维碰撞的舞台。

一、融游戏，添活力，提素养 为数学学习添加催化剂

爱玩是孩子的天性，教师要善于把活动课的一些方式方法用于课堂，激起学生的学习热情，使师生关系和谐，轻松愉快地投入学习中。如猜数学谜语，讲数学故事、数学童话和数学笑话，做数学游戏等。每当做游戏，孩子们总是兴高采烈，脸上充满了笑意，教室里笑声不断。作为教师要多挖掘游戏资源，无论是看报纸杂志还是看电视，都要注意看看有没有什么游戏适合用于教学，

只要是适合的，就拿来加以改造，如李咏主持的"非常六加一"中的"谁来比画谁来猜"，教师就把它进行了改造，把游戏与数学知识融合在一起，增强数学的趣味性。教师把全班分成两个队，每队派两位同学，一位学生比画一位学生猜，其他学生当裁判。教师在黑板上写下和学习内容有关的知识，负责比画的同学既可以比画，也可以使用语言，但在用语言表达的过程中不能出现所猜内容里的文字。如学习《圆的认识》后，在小结前，教师说："同学们，我们来玩'谁来比画谁来猜'的游戏。"同学们兴奋极了，争相举手，我微笑着在黑板上板书"直径"。

负责比画的同学（A）用手比画出一个大圆，然后用手横着比画了一下；

负责猜的同学（B）马上说："圆"；

A又比画了一遍；

B："画圆"；

A急了，拿起圆规，在黑板上画了一个圆，再把圆心重重地点了一下；

B："圆心"；

A用食指点了点圆心和圆上，再做把三点连起来的动作；

B脱口而出："直径"。

同学们报以热烈的掌声，分别负责比画和猜的两位同学开心地做了胜利的动作。这样把小结融入游戏中，学生兴趣盎然运用所学的知识来取得游戏的胜利，寓教于乐，乐中激起学生的自主学习热情。

二、用"巧言"，添动力，增素养　为数学学习添加催化剂

精心设计的教学活动，配上幽默的语言，犹如为课堂注入"催化剂"。教师要夯实自身教学基本功，特别是学习播音员、相声演员的幽默语言，讲究语言艺术，以幽默的语言来点缀，让学生学得喜洋洋。例如，我们可以充分利用课堂中的错误资源，并以幽默的语言巧妙地引导学生改正错题。有一次，我给学生出了这样一道题：赖老师的女儿今年11岁，赖老师的岁数比女儿的3倍还多1岁，赖老师今年是多少岁？一位小男孩是这样做的：11+1=12（岁），12÷3=4（岁）我笑着对他说："感谢你让赖老师又回到了童年……"同学们听了都笑了，小男孩也笑了，我接着说："但我更想和同学们在一起探讨数学问题，你能帮我回到现实中吗？"一语激起千层浪，孩子们争先恐后地说出了答

案，小男孩的声音特别响亮。这样，犹如注入了一剂"兴奋剂"，课堂彰显和谐，学生们的思维活跃起来了，小男孩在愉快地"帮老师回到现实"的过程中改正了错题。既保护了小男孩的自尊心，又使他感悟到生活当中处处有数学，进一步掌握通过联系生活实际来进行检验的方法，体验学习数学的乐趣。

三、以价值，添魅力，强素养　为数学学习添加催化剂

教师要以数学的价值之美，让数学的魅力展示在学生的面前，为学生的数学学习添加催化剂，使数学大餐色香味美，更具有吸引力。

（一）让学生拥有一双"数学眼"

教师要善于抓住可以培养学生问题意识的每一个契机，让学生拥有一双"数学眼"，逐渐养成从数学的角度来观察、分析身边的素材的习惯，提高学生的自主探索能力。因此，要从学生的实际出发，从以下三个方面出发进行培养：

一是培养善于从教材中发现数学问题的习惯，要求学生边预习边提出自己能解决的问题来猜别人，提出不懂的问题和同学或者老师交流，并在自己能弄懂的问题前画个笑脸，不能弄懂的问题前画"？"。然后找一找生活中有哪些方面运用了这些数学知识。

二是培养学生善于发现身边的数学问题的习惯。引导学生从生活中、生产中、大自然中、科技领域中、电视报纸杂志上发现数学问题。

三是利用"试学导航"来引导学生学会发现数学问题、提出数学问题，从而逐渐拥有一双"数学眼"。例如教学北师大版六年级上册《百分数的认识》时，请学生在课前试学试用，设计了以下试学导航。

①找一找。寻找生活中的百分数，并和爸爸妈妈、同学或老师分享。

②想一想。在一场足球比赛中，猛龙队获得了一次罚点球的机会，他们准备派下列三名队员中的一名去罚点球。你认为应该选派哪名队员？为什么？

③ 做一做。学校劳动教育基地种植西红柿，成活情况如表3-7-1所示，你认为哪个班级西红柿的成活率最高？为什么？

表3-7-1　五年级各班西红柿成活情况统计表

班级	成活颗数	种植颗数
五（1）班	18	20
五（2）班	22	25
五（3）班	45	50

④ 说一说。什么叫作百分数？百分数与分数有什么联系和区别？

学生进行试学导航的过程，就是一个发现数学问题和解决问题的过程。学生对待数学问题要敢想、敢问、敢说、敢做，逐渐懂得从数学的角度去观察，去提出数学问题的习惯。

（二）让学生拥有一张"数学嘴"

在日常生活中，学生的话题里与数学有关的知识相对比较少。教师要做到以下三个方面：一是要鼓励学生把发现的数学问题说出来，变成与同学交流和讨论的话题。二是引导学生多谈论和数学有关的问题，如讲讲数学故事、数玉米学童话、猜数学谜语、谈谈在生活中和数学有关的事情等。三是创造机会让学生在游戏中、体育课里、生活中用数学知识。教师要多和学生一起玩，在玩中引导学生用数学、说数学，使学生逐渐有越来越多的数学话题。如与学生玩丢圈游戏时，需要画一个大圆形，学生们就会发现数学问题：画一个那么大的圆，圆规太小了，该怎么画呢？教师放手让学生自己去想办法。孩子们七嘴八舌地议论开了，有的找来棍子，有的拿来绳子，有的找来粉笔……他们说着、笑着、画着，持之以恒，学生的话题里不就有数学了吗？

而且，教师要善于以"为什么"作为"催化剂"，让数学蒙上"神秘"的面纱，使学生情不自禁地想知道答案，从而激起学生主动探索的热情，"催"着学生去创造。如教学人教版小学数学第九册第9页第10题时，我设计了这样一道题：

在○里填上"＞、＜或＝"：

① $9857 × 0.897658 ○ 9857$　　②$9857 × 1.216 ○ 9857$　　③$9857 × 1 ○ 9857$

然后我马上在○里分别填上了"＜、＞和＝"，孩子们非常惊奇："老师，你怎么那么快就能知道答案呀？"我趁热打铁："就是更复杂的，老师也能马上说出答案，你们想知道吗？""想！""老师觉得你们特别聪明，只要动动脑筋，和同学交流各自的看法，肯定能找到规律的。"就这样，孩子们兴致勃勃地讨论起来。争议声、辩论声响成一片。几分钟后，孩子们兴奋地说："老师，我也能像您那样，很快就把答案说出来了。"我故作惊奇："真的吗？好厉害哦，说来听听。"一只只小手"刷"地高高举起，都希望老师能把回答问题的机会给他们。这一切都因为"为什么"，正是问题使孩子产生了强烈的求知欲望，"催"着孩子去探索、去创造，这是源于孩子内在的需要，所以他们表现得更主动积极，聪明才智展现得淋漓尽致。

第八节　把握诀窍，化难为易，解决问题

"解决问题"往往使许多学生学而生畏，畏而远之，远则更怕！越怕越难学！学生难学，教师难教，学之若蜡般无味，真是棘手啊。如果这一棘手之事不解决，学生的数学学习又谈何好玩呢？笔者认为，应该从以下三个方面入手，变"畏"为"好"，化难为易，让"解决问题"变得好玩些。

一、活化过程，凸显"解决问题"的价值魅力

兴趣是最好的老师。只要学生对应用题有兴趣，那么即使遇到了困难，也会把它看作一种挑战，会想方设法去克服困难，寻求解决问题的途径。因此，教师应该力求使应用题的教学过程充满趣味性和实践性，使我们的课堂兴趣盎然、生动活泼，从而激发学生的学习动机，帮助学生克服"怕""解决问题"的心理，乐于投入学习过程中来。

《义务教育数学课程标准（2022年版）》对应用意识的表述是：应用意识主要是指有意识地利用数学的概念、原理和方法解释现实世界中的现象与规律，解决现实世界中的问题。能够感悟现实生活中蕴含着大量的与数量和图形有关的问题，可以用数学的方法予以解决；初步了解数学作为一种通用的科学语言在其他学科中的应用，通过跨学科主题学习建立不同学科之间的联系。应用意识有助于用学过的知识和方法解决简单的实际问题，养成理论联系实际的习惯，发展实践能力。因此，教师要创造机会使学生体验解决问题的价值，感悟学习"解决问题"的必要性；构建一个生生互动、师生互动与交流的平台，使学生遨游于应用题的海洋里，体验解决问题的乐趣。使学生不是在"做题"，而是在解决一个又一个的数学问题，而这些问题是与生活、生产和学习有着紧密联系的，甚至是学生自己发现并提出来的问题。

（一）在生活中发现并提出数学问题，体验解决问题的价值

教师要创造机会，引导学生自己去发现数学问题，提出数学问题，而不仅仅是学习课本上"解决问题"的例子。如教学北师大版四年级上册第72页《秋游》，学生需要做的课前准备之一是：看一看书，边看边想一想、找一找生活中的除法，并提出数学问题。上课的时候，我先请学生以小组为单位交流自己发现的有关除法的数学问题，并相互解决所发现的问题，再选一个或者两个问题变成情景题进行全班交流。孩子们高兴地把本组的胜利果实利用多媒体实物投影仪展示出来，其他学生动笔解答，然后由发现问题的同学进行评议，教师适时点拨和引导。而课本中的例题被作为练习题。在这个过程中，学生经历的是自己从生活中发现问题、提出问题、分析问题、解决问题的过程，通过个体的努力、与同伴的交流与合作去解决问题，让学生深刻体验数学来源于实践，初步体会数学应用的广泛性，培养学生的应用意识和实践能力。

（二）把数学问题应用于生活实践中，体验解决问题的乐趣

数学源于实践又反过来应用于实际。提供机会，引导学生把所学的知识应用于生活中，会更进一步激发学生学习应用题的兴趣，使学生走出"望应用题而生畏"的尴尬境地，走进品尝应用题乐趣的殿堂。如刚才提到的教学北师大版四年级上册第72页《秋游》中的例题后，设计了以下几个实践活动，学生可以任选一个，也可以选两个或者三个，使学生把学到的数学知识应用与生活实践中。

（1）当一名"小小理财家"。你的父母每个月共收入多少元？这些钱的主要用途是什么？和父母讨论这样理财合理吗？

（2）做一做。和同学一起去购物，回来后说说购物的过程，物品的种类、单价，并说说共用去多少元。

（3）老师想在家里安装宽带，一种是每年一次性交1100元后，送三个月，电话费另付；另一种是加入"我的e家"，每月至少128元，包括固话月租18元、来电显示6元、彩铃5元、市话费18元和网络费。请调查市话每分钟多少钱？老师该选择哪一种比较划算？为什么？

二、累积术语，为学生善学"解决问题"做好铺垫

在"解决问题"中经常出现的名词术语很多，如速度、路程、时间、单

价、总价、数量、工作效率、工作总量、工作时间、相对、相向、相遇、背对、平均、相差、几倍、还剩、一共、支出、结余、纵切面、横截面、展开等。理解"名词术语"的含义，是理解题意的基础，对确定解题方法具有决定性的作用。因此，在"解决问题"的教学中，要引导学生理解名词术语、积累名词术语、活用名词术语。而且在引导学生理解这些名词术语的时候切忌死记硬背，而要想方设法把它们置于具体的情境中，使学生理解得深刻，记得牢固。

心理学家弗洛伊德说："游戏是由愉快促动的，它是满足的源泉。"游戏是儿童的天堂。我喜欢把数学知识融入游戏当中，提前来到教室，与学生做做游戏，这就像体育课上的热身运动，适量适度且有针对性的游戏能使学生达到最佳的学习状态，思维活跃、兴致勃勃、跃跃欲试。如教学"行程问题"，理解方向是相对还是背向、时间是同时还是不同时、地点是两地还是同地，结果是相遇还是未相遇抑或是擦肩而过是本节课的重点之一，如果不理解这些名词术语，那么它们就会成为学生学习过程中的绊脚石。如何帮助学生理解呢？我把这些数学名词融入课前游戏中，仿照李咏主持的"非常六加一"，把全班分成红队和蓝队进行竞赛，每队派出三名同学，两人比画一人猜，教师逐一出示：方向、相对、相向、背向、相遇、时间、同时、不同时等数学名词，两名比画的学生根据出示的词语表演、做动作（同队的同学可帮忙），让另一名同学猜。学生在比画相遇的时候是这样的：两个人从两地相对走来，然后握手问好，猜的同学说："问好"，负责比画的同学急了，再来一遍，并且放慢了速度，渐渐地靠近直到他们之间的距离是0，猜的同学说："遇见了"教师说"两个字的。""相遇"。教室里爆发出一阵掌声。这样，游戏带给孩子们的不仅是欢乐，还有知识，他们理解了相对是迎面而来、背向是两个人朝着相反的方向前进，距离越来越远等。在教学中，教师要讲究教学艺术，多动脑筋，多创造愉悦的情境，使学生学得开心而有效。像这样融数学名词于游戏中，学生对数学名词的理解更透彻，印象更深刻，甚至在课后还会津津乐道，甚至会把游戏讲给家长听，讲给家长或同学听这不正是一个更好的复习过程吗？

三、细化步骤，使学生善学好学"解决问题"

我们知道，"解决问题"的一般步骤有四个：

（1）弄清题意，并找出已知条件和所求问题；

（2）分析题里数量间的关系，确定先算什么，再算什么……最后算什么；

（3）确定每一步该怎样算，列出算式，算出得数；

（4）进行检验，写出答案。

这四个步骤中，第一个步骤是关键。这正像苏霍姆林斯基说的那样："某些学生之所以不会解答算术应用题，竟是由于他们不会把题目流利地、有理解地读出来。这些儿童在读题时把精力都用在阅读过程本身上去了，没有剩余的精力去理解所读句子的含义。他们不能把一句话作为统一的整体来感知，更不能前后连贯地、系统全面地理解应用题的题意。"笔者对本班学生进行调查，发现孩子们并不知道该怎么去弄清题意，怎么去分析题里数量之间的关系。于是，根据本班学生的年龄特点和知识水平，细化应用题的解题步骤，把重点放在理解题意上，提出详细的要求，并指导学生每个步骤该怎么做，渗透学法指导，使学生会解答"解决问题"。

例如把第一个步骤细化成：

（1）边读边想边画图或者摘录条件和问题：题目里讲的是一件什么事情，已知条件是什么？所求的问题是什么？画图的时候，不一定要画标准的线段图，可以画自己喜欢的图，可以边读题目边在草稿纸上画草图；

（2）闭上眼睛想象一下题目中描述的情景，在脑子里回忆题目；

（3）用自己的话复述题目。

提出另一个附加的要求，当遇到不懂的问题和老师交流时，要求必须不看题目，用自己的话复述题目。事实证明，大部分学生在复述题目的过程中会笑着说："老师，我明白了。"这是因为，学生在复述的过程中，理解了题目的意思，正因为切实理解了题意，所以题里数量间的关系自然了然于胸，又何须教师的讲解呢？可见，细化步骤，使孩子们犹如拿到了一把开启应用题之门的金钥匙，解答应用题变得轻松了。

第九节　学用相融，集零为整，复习有效

复习课在小学数学教学中是非常重要的，可是，复习课留给许多学生的印象大多就是"做题"，是机械重复、老调重弹、枯燥、无聊……无论是老师，还是学生，都希望数学复习课即使有做题，做的也是有吸引力的题；复习的过程不是枯燥无味的，而是津津有味的；复习课也有新鲜感，是有挑战性的、趣味性的、拓展性的、实践性的、综合性的好玩的"学用式"复习课。

好玩的"学用式"复习课有两个特点，既是好玩的复习课，又是学用合一的复习课。对复习课的研究，来自对"冷饭"的思考。

一、来自冷饭的思考

在广东本地方言里"炒冷饭"的意思就是已经熟的饭又炒一遍，比喻重复已经说过的话或做过的事，没有新内容。寓意把一件一件做的事情重复说或者重复做，没有什么意思，没有什么兴趣。但是，在我们的日常生活中，冷饭经常是会有的，炒冷饭也是经常要做的事情。就像我们数学老师，炒数学冷饭也是常有的事情。上一至两节新知识点的课后，至少需要0.5至1个课时的时间评讲练习或者作业，一个单元结束后，往往要进行单元整理与复习，所有单元都完成后就会进入整个学期的整理与复习，这些都是"炒冷饭"的学习，整个学期算下来，用时起码占五分之一，把"数学冷饭"变成好吃又有营养的食物，让学生看着有食欲，吃得津津有味是每一位老师应该去研究的问题和努力的方向。

（一）记忆的味道

犹记得，毕业时，只有170多元的工资，家中有弟弟妹妹要上学，肉是常常没有钱买的，特别是1991年至1994年，最常吃的四道菜是水豆腐、榨菜、湖南

产的鸡蛋、豆芽。越是这样，肚子就越饿得快，胃口就越好，于是，我学会了"炒冷饭"。最擅长炒的就是酱油饭，那冷饭被炒得色泽金黄金黄的，香味扑鼻而来，令人迫不及待地想要吃上那么一大碗。

（二）冷饭的启示

冷饭为什么这么好吃？从输入的角度来说，原因主要有三个：一是有"输入"的欲望，胃口好，味道就好；二是有"输入"的需要，肚子饿，味道就好；三是有"输入"的条件，炒一炒，味道就好。

1. 胃口好，味道就好——有"输入"的欲望

一个人的胃口好，吃什么都香。回忆年轻的时候，我之所以觉得冷饭好吃，也就是有"输入"的欲望，简单来说，就是有胃口，也就是有食欲，复习课又何尝不是这样？要使学生觉得数学课好玩，首先要促使学生觉得复习是有必要的，有了想复习的想法，也就是有了"输入"的欲望，这样，才能把被动复习变为学生的主动需求。当复习成为学生的主动需求后，我们会惊喜地发现，学生的复习需要越强烈，复习的积极性就越高，复习的效果自然就越好。

2. 肚子饿，味道就好——有"输入"的需要

众所周知，同样的食物，在特别饿的时候摄入，味道会更好。那是为什么呢？就是因为肚子饿了，有摄入食物的需要。复习课也一样，学生如果觉得我需要复习了，复习的过程才能变得好玩些。往往主动的需要会比被动的要求效果更好些，这是老师们都非常清楚的一个事实。

3. 炒一炒，味道就好——有"输入"的条件

冷饭为什么这么好吃？从情感的角度来说，原因主要有以下三个：

（1）冷饭里有故事——有关爱

冷饭对我和我的妹妹来说，是有个温暖的故事的。当时，妹妹在一所中学读书，星期天的晚上至星期五，吃的都是学校的"蒸饭"，什么是蒸饭？就是学生把每顿要吃的米淘干净了，放在铁的饭盒里，全校的饭盒放在一个大锅里蒸熟。青菜是不能放到饭盒里的，但黄豆、豆豉却是可以放的。每天都吃这样的饭，对于正在长身体的妹妹来说，一碗蛋炒饭就是特别美味的佳肴了。我的同学当时在附近的小学任教，就给她做了一碗蛋炒饭。如今相聚，妹妹还常常说起那碗蛋炒饭的美味来。我想，复习课应该是有故事的，有故事的复习课，孩子们会更喜欢。

（2）冷饭被加热了——有热情

冷饭本是剩饭，冷冷的，有的甚至硬硬的，但是一加热，它就会变得柔软起来，变得热情起来。复习课也一样需要加热，让它也变得"柔软"起来，变得"养眼"起来，变得有"引力"起来，变得"热情"起来，能够获得学生的"青睐"，备受学生"追捧"当然是最好的，也是我们努力的、理想化的目标之一。

（3）冷饭里有"同伴"——有集体

犹记得，冷饭里加入了油、酱油翻炒的香味，那是贫穷岁月里的一道令人回味无穷的美食。后来，随着生活水平的提高，为了让冷饭更好吃些，冷饭里加入了肉丁、香菇等，变成了：冷饭+酱油=酱油饭；冷饭+胡萝卜+甜玉米+肉丁=肉丁炒饭；冷饭+冬菇=冬菇肉丁炒饭；冷饭+虾仁=虾仁炒饭，当然还有很多可以加入冷饭里的调理、酱料，冷饭变成了好吃又有营养的"冷饭"，冷饭不知不觉中演变为西餐厅里的美食，为许多人所喜爱。

笔者经常在想，什么时候自己也可以让数学复习课变成学生特别喜爱的美味佳肴。为此，提出上好吃又有营养的复习课，即好玩的小学"学用式"复习课。

二、追求好玩的复习

冷饭可以变美食，复习可以变得好玩，好玩的"学用式"复习课正是为此而提出和实践的。这与笔者主张的："学用合一，融会贯通，数学好玩"也是一致的。为此，数学复习课要有整体设计思想，要有整体教学思路，应该去碎片化，体现整体性；免机械化，体现灵活性；融文本化，体现实践性。

（一）去"碎片化"，体现整体性

温故而知新。复习课其实是要"温故"的，只是温故的方式是什么比较好呢？是重新把每一个课时都重新过一遍呢？还是出一份练习让学生去完成呢？这些方式都不是最佳的选择。好玩的"学用式"复习课要引导学生把碎片化的知识整理成思维导图，形成知识网络。鼓励学生把数学思维导图制成数学小报，一个单元一张，一个学期就有很多张，两个学期的订在一起就是一本属于自己的数学小书了。当然，学生也可以把思维导图画在笔记本上。

（二）免"机械化"，体现灵活性

在复习的形式上避免机械化，要了解儿童的特点，尽可能选择儿童感兴趣的教学形式，如数学游戏、数学谜语、数学故事、数学童话、数学实践活动（如测量、调查等），让学生感觉内容虽旧但形式却新，让人跃跃欲试，要尽可能地体现灵活性，打开学生的思维，激发学生复习的积极性和主动性。

（三）融"文本化"，体现实践性

在复习的内容上，融合文本，体现实践性。复习题的选择要尽可能与学生的生活实际联系起来，把学生身边的事物与所复习的内容联系起来，一方面使数学与学生亲近起来，另一方面使数学的作用凸显出来，再一方面给学生提供实践的机会，让数学更好玩。例如，教学北师大版四年级下册第一单元的复习时，就安排了以下实践题：请同学们看一看数学课本和语文课本的标价。

（1）先估一估两本书要多少元，再算一算。

（2）我们国家九年义务教育的小朋友免费就读的，一个小朋友仅仅是语文和数学课本就需要投入（　　　）元，那么全班的同学需要多少元呢？全县呢？全市乃至全县和全国呢？这些知识我们可以在未来会继续去研究。巨大的教育投入，寄托着殷切的期待，让我们为成长为祖国的栋梁之材而努力学习。

第十节　有规有序，有方有智，相宜有趣

善于组织教学，才能给学生一个好玩的数学课，才能创造一个好玩的数学课堂，才能让核心素养的表现落地生根，开花结果。组织教学能力是一名老师应该具备的基本能力，它在一定程度上决定着课堂教学效率的高低，也决定着师生的课堂幸福感。组织教学做得好，才能让想听课的学生听得清，想学习的学生不至于被打扰，合作学习与独立思考的交替才更顺畅，师生互动效果才能更好，民主和谐的教学氛围才更容易形成。正所谓：

有规才能学有序，

为师有方亦有智。

动静相宜课有趣，

核心素养来落地。

一、"鸭公声"的故事

犹记得，1991年我普师毕业，被安排教一年级，一个星期不到的时间，我清脆的嗓音就成了"鸭公声"，阳山本地方言里的这个比喻非常形象，就说人的声音像鸭子叫一样沙哑。那段时间里，我整个人像泄了气的皮球，感到深深的无奈，精心备好的课根本就实施不了，想象中的学生特别投入的场景根本就是我在"痴心妄想"。明明就那么小那么可爱的小孩子，在课堂上就像一只只的小麻雀，叽叽喳喳叫个不停，大声喊一下，"小鸟们"停下来，看你一眼，继续叫。每节课都如此，而且，一天六节课，因为那个时候是包班，一名老师负责一个班所有的科目和班主任。记得晚上睡觉前脑海里挥之不去的依然是孩子们的叽叽喳喳的声音。为了解决这个问题，我开始学习，首先想到的是向书本学习，结果找不到相关的书籍，那个时候和现在不一样，资讯不发达，找了

几家书店都空手而归。于是，我开始向身边的老师学习，注意观察其他老师是怎么做的。偷偷地站在教室后观察老师怎么组织纪律，哪个班的纪律好我就重点观察哪个班，重点研究那位老师的做法。结果我发现，老师们的做法各不相同，有些做法很好，很值得我学习；有些做法却是我当时不赞同的，特别是个别老师特别严肃、严厉，整天板着脸，学生稍有不对就大声"吼"，甚至"罚抄""罚站"，学生战战兢兢的，因畏惧而守纪律。虽然不赞同，但我却去掉了"罚"的部分，巧妙用了其中的一些小技巧，学生表现得不好的时候，我的面部表情会很严肃，让学生知道老师对这件事情的态度。有时候，来到教室，吵吵闹闹的，我就收起笑容，静静地扫视着学生，很多时候，学生会渐渐安静下来。我又把其他老师好的做法进行筛选和再创造，用在组织教学上，我的"鸭公声"也渐渐好了起来。

二、"成方圆"的话题

无规矩，不成方圆。数学课堂是需要课堂之规的。而课堂之规在于细节。

1. "被动之规"变"主动之需"

数学教师即使不当班主任，也要和学生一同商量数学课堂里要遵守的若干条课堂之规。学生要怎么做，为什么要这样做，要做到怎么样，都要和孩子们一起商量。使学生要守的课堂之规不是教师"硬性"的要求，而是学生个人的需求；不是教师在课堂上临时提出的要求，而是学生早已认同的"自我约束"。这样，变被动为主动，把课堂组织教学中的要求变成了学生主动要做到的事情，他们化身为课堂组织教学要求达成的主人。

2. "课堂之规"变"礼仪之需"

数学教师也要晓之以理、动之以情、导之以行，让"课堂之规"变"礼仪之需"，使学生明白，课堂上遵守纪律，学会倾听、学会发言、学会合作、学会交流，是一种讲文明、有礼貌的表现，是文明好少年的基本表现之一。例如，在教室里，见到老师进入教室，如果还是下课时间，要和老师打招呼，可以说："老师好"，也可以用看着老师的方式打招呼，并适当把自己的音量调低，留意老师有没有什么需要帮助的。课堂上，老师讲解、同学发言时，都要认真倾听，何谓认真倾听？眼睛注视着发言的人，耳朵听清说了什么，脑子思考，他说得怎么样？我有什么疑问。有时候，还要一边听一边做笔记。发言时，先是师生共同执行"铃声这一命令"。教师是执行铃声命令的表率，做到不拖堂，不迟到，下课铃一响就马上下课。学生也要执行铃声的命令，预备铃一响，马上回到教室，拿出数学课本、草稿本、橡皮、尺子、量角器、圆规、铅笔、签字笔、数学练习册、数学课堂练习本等放在桌子角上，可以采用坐在哪一边的同学就放在哪一边，也可以放在桌子中间，还可以坐在左边的同学放右角，坐在右边的同学放左角，同桌两人的学习物品紧相依。值日班干部、课始分享的主持人组织学生进行课始分享。

三、有"动态"

在复习的内容选择上，要力求把静态的文本知识变成学生动态的探索过程，要把文本知识变成学生的实践活动。体现"三性"，即要有趣味性、层次性、拓展性，凸显"二有"，一是有调查。通过日常观察、学生访谈等方式了解学生在知识上还有什么不懂的，希望采用什么方式复习，通过复习希望解决什么问题等，从而更好地帮助学生，提高复习效率。二是有计划。指定复习计划，做到复习目标明确，复习重点突出，复习措施有效，复习题量恰当，复习题型灵活。注意把学生的"不足"当作重点，缺什么，就什么地方想办法突破，就要多练什么，多评什么。就要在学生的"短处"停留，在学生的"擅长"处延伸。

第四章

再研好玩的"学用式"数学

如果你问小学生："数学好玩吗？"无非三种答案，好玩、一般和不好玩。如果追问：为什么好玩？为什么不好玩？答案就会是多样的，而这么多答案中的共同点就是对数学感兴趣、学得会。这很容易理解，小学生学得会，才能持续喜欢数学，小学生对数学感兴趣了，他才会更喜欢学习数学，否则就是为了完成任务不得不学习的，当然，也有许多的学生在不得不完成"任务"的过程中，不知不觉爱上了数学。从这个角度讲，要使我们的学生觉得数学好玩，就要想方设法让他能够完成数学学习"任务"，包括课堂上的学习任务，课外的数学实践活动和作业等，就像两个毫不认识的年轻未婚青年要组成家庭，首先需要认识，就有了媒婆（婚介所）这个职业，认识了，知道这个世界上有这么个人，才有了解的机会；如果仅仅停留在已经知道这个世界上有这样一个小伙子，有这样一个姑娘还不行，得有机会相互了解，那就需要有双方共同去完成的事情，那就得"约会"，主动的一方会想方设法创造见面和共同完成某件事情的机会，在这个过程中，慢慢地了解，慢慢地有感觉，有思念、喜欢、和谐甚至幸福的感觉。学生和数学也有某些相似之处，数学实际上一直陪伴在学生的身边，大部分的学生在幼儿园的时候就接触了数学，那个时候他们所接触的数学是美好的，大多数在和父母出游、聊天、购物、讲故事、玩游戏等过程中去学习，可以多学点，也可以少学点，可以学得好一点，也可以学得不好，学习数学的环境是边玩边学，人数通常是2对1（即两个家长面对一个孩子），学生上学后，大多数班级是1对20甚是40人以上，学习的内容多了，场景变了，要求高了。一开始，学生有许多"老本"可吃的，部分的学生在就读幼儿园中班的时候就已经能够计算10以内的加法了。像我目前所在的学校，一年级班上学困生是极少极少的，但是，随着年级的递增，学困生的人数却越来越多，感觉就像跑马拉松比赛那样，跑着跑着，就会有人慢下来，跑得快的得了冠亚季军，跑得慢的只要坚持跑，也一定能够到达终点。只是观众就很着急，喊着"加油！加油！"我们的家长、老师又何其相似？还是这么慢，有的家长就会焦虑，老师也一样，有的就开始想办法辅导，把一个个数学知识点攻破，虽然依然还是有掉队的，但坚持不懈的他们，在老师、家长、同学和朋友的鼓励和帮助下，最终还是到达了每一个"数学小驿站"，品尝着数学学习的成功和快乐。不可否认的是，学生的数学学习是有差异的，我们老师做的不是让每一个孩子平庸无奇，而是尽可能发挥他们的个性特点，挖掘他们的潜能，开发他们的思维，发扬他们的特长，发展他们的能力，在经历研究数学的过程中成长，这种成长不要仅仅用分数去衡量，应该是留在孩子心上美好的参加数学实践活动的经历，留在脑海里的研究数学经验和方法，还有那眼中看到的美妙的数学符号、生活中的数学问题以及数学应用，当然还有那些看不见、摸不着的"思维方式"。经过六年的小学数学学习，每一个孩子都是收获满满的。只是，每位学生所期待到的数学学习高度、深度、宽度、广度往往不一定达到每位孩子、老师和家长的期望值。试想，一个人的一生，真的一切都如人意吗？我看未必，对于部分人来说，失望相对还是比较多的，只要把这种"失望"变成"希望"，变成"动力"，催着我们前行，期望值达成的度就变得更高。

第一节 "数学好玩"是关键能力
培养的好抓手

《义务教育数学课程标准（2022年版）》对数学课程的性质是这样描述的：数学是研究数量关系和空间形式的科学。数学源于对现实世界的抽象，通过对数量和数量关系、图形和图形关系的抽象，得到数学的研究对象及其关系；基于抽象结构，通过对研究对象的符号运算、形式推理、模型构建等，形成数学的结论和方法，帮助人们认识、理解和表达现实世界的本质、关系和规律。数学不仅是运算和推理的工具，还是表达和交流的语言。数学承载着思想和文化，是人类文明的重要组成部分。数学是自然科学的重要基础，在社会科学中发挥着越来越重要的作用，数学的应用渗透到现代社会的各个方面，直接为社会创造价值，推动社会生产力的发展。随着大数据分析、人工智能的发展，数学研究与应用领域不断拓展。

随着科学技术的飞速发展，数学的发展涉及的领域越来越广泛。国防、无人驾驶、3D打印、人工智能、制造业、农业等都体现着数学的广泛应用。我国小学数学教育特别是山区小学数学教育却未能跟上科技发展的步伐，小学生缺乏在现实生活和学习中活用所学知识的机会，缺少研究数学的氛围，缺少解决问题的灵活方法，缺少真实情境中的对事情和情境的理解和处理契机的捕捉，学生的动手操作机会不多，数学实践机会也少，数学核心素养的培养有待加强，小学生运用所学知识解决生活中的核心能力获取仍不足够。

一、"数学好玩"的来源

"数学好玩"是个单元的名字，北师大版的每册教材都有"数学好玩"这个单元。"数学好玩"的名字取自2002年在北京举行的国际数学家大会期间，91岁高龄的数学大师陈省身先生为少年儿童的题词。北师大版2011版教材有"数学好玩"这个单元，内容包括两部分：一是综合与实践。每学期安排1次，有的是课内完成，大部分需要课内外相结合。二是其他内容。包括数学游戏、数学趣题、数学应用等。根据学生的年龄特征，1—2年级每学期安排1个专题活动，3—6年级每学期安排2个专题活动。数学好玩是培养学生核心素养的需要。《义务教育数学课程标准（2022年版）》虽对这部分内容有调整，但综合性、实践性和研究性以及融合的味道却更浓了，"数学好玩"虽然名字有改动，但"数学好玩"之魂依然还在，并将发扬。

二、"数学好玩"的作用

学生学习"数学好玩"这一内容，教师教学"数学好玩"这一内容有什么作用呢？

（一）"数学好玩"是体验数学价值的突破口

当今国际数学课程的一个目标是在数学课程中强调数学应用，培养学生应用数学知识解决实际问题的能力。如"STEAM"课程，追求数学与科学、艺术等学科的融合，促进学生数学核心素养的提升；又如英国的"国家数学课程"十分重视培养学生的数学应用能力，强调数学教学要与实际应用紧密联系，认为教师需要帮助学生理解如何应用所学的概念与技能去解决问题，并形成系统化的体系。新加坡在中小学数学教育的目标中指出，"使学生获得必需的数学知识和技能，发展思维方法并应用于生活上将要遇到的数学情境之中"。日本文部省1998年公布并于2002年实施的《中小学数学学习指导要领》中确定的数学教学目标是："通过与数量和图形有关的数学活动，掌握基础知识和技能，在培养学生全面地、有条理地思考日常事务能力的同时，体会数学活动有愉快性和处理数据的优越性，培养学生在生活中有效地运用数学的态度。"据此，我们需要突破原有教学内容的限制，以"数学好玩"为突破口，以课堂教学为主阵地，提升小学生在数学领域的核心素养，为小学生未来的发展提供核心竞争力。

（二）"数学好玩"是研究能力培养的突破口

《义务教育数学课程标准（2011年版）》指出：20世纪是数学大发展的重

要时期，最主要的标志就是数学应用，无论数学应用的广泛程度还是深度，都是空前的，在影响人们生活的每一个方面，都可以看到数学的应用，特别是计算机科学的发展，使数学的应用如虎添翼。世界上一批最优秀科学家特别是一批诺贝尔奖获得者倡导在儿童和学生教育中开展"做中学"活动，提高幼儿园和小学的科学教育水平，培育科学的思维方式。"做中学"是让儿童和学生参与一些"科学活动"。这样的活动包括以下几个基本步骤：选择和确定做一件事，接着让他们说一说做什么，大概如何做；然后，做好要做的事情，可以自己做，也可以和别人一起做；最后，要说说自己做什么，这样，孩子就经历了有目的做事的过程。这和"数学好玩"中的"综合与实践"课的教学流程是基本相同的。"数学好玩"其实就是让学生"做中学数学、用数学、理解数学"，实际上就是围绕某一个主题开展的研究性学习。从而激发学习兴趣，提高应用意识，培养创新能力，提高用数学的眼光去观察世界、用数学的语言去描述世界、用数学的思维去思考世界的意识和能力。

北师大版"数学好玩"这一板块提供的是一个让学生围绕一个主题开展数学研究之旅的机会。有点像科学家开展技术攻关，有点像老师们做课题研究，包含学生组建团队，制订方案，实施方案（做实验、填数据、分析总结、得出结论），交流分享等程序。其中，综合与实践这部分内容是让学生去经历开展数学综合实践活动的过程，在过程中确定方案、组员、内容、形式、注意事项等，并按方案去实施。而其他方面的内容是把学生的视野打开些，让他们去研究数学名题、数学趣题。不仅为学生的数学学习打开了一扇窗，而且打开了一扇门，走出门去，会发现奇妙的数学世界。教师就是那个为学生打开窗，打开门，然后领着孩子们一起走出去，体验美好的数学世界的人。三yán（炎学、研学、延学）教学因此而生。

第二节　"三yán"教学概述

　　"三yán"教学对学生的学习寄予"厚望"，一是把数学学习变成数学研究，把被动的数学学习变成主动学习，把枯燥的数学学习变成生动的研究过程，把希望不用做的作业变成喜欢的研究活动；二是在研究的过程中体验数学之美、数学之用，在学中用，在用中学，实现学用合一，融会贯通；三是从"牵引式"的数学学习过渡到"引导式"的数学探究，生长为"主动式"的数学研究，学生的数学学习变得有章有法、张弛有度，学习困难成为一种挑战，成为一个引发学生反思自身不足的契机，成为学生数学生长的一个好抓手，成为学生突破原有的好舞台。"三yán"教学的数学课堂是学生的课堂，他们是数学学习过程中真正的主人，在经历数学知识产生的

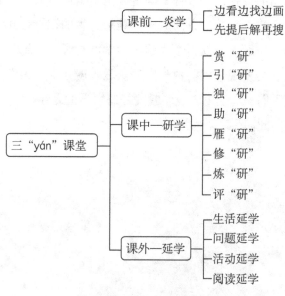

图4-2-1　"三yán"课堂图

过程中提高探索能力和兴趣，积累活动经验和方法，在应用数学知识解决问题的过程中提高实践能力和应用能力，使核心素养的培养得以在数学学习的过程中落地生根，乃至开花结果。这种"厚望"决定了"三yán"教学凸显了"数学好玩"，成为体现"数学好玩"的课堂教学途径，它主要包括课前"炎学"、课中"研学"、课外"延学"。具体为"炎学"六要素、"研学"八步走、"延学"绕"四方"，也可称为"六要八步绕四方"。每一步的设计都非常重视把数学与音乐、游戏、劳动、科学、信息技术或体育等学科融合起来，让"数学好玩"更好玩，让其他单元知识的学习也好玩（见图4-2-1）。

第三节　课前"炎学"

有备而来，事半功倍。学习也是一样，在课前做好充分的准备，提前研究即将学习的数学问题，知道即将要学习的新知识是什么？哪些我自己已经独立解决了，哪些还有疑问……那么，课上就不会像只无头苍蝇，也不会出现胡子眉毛一把抓的情况，而是变得有条不紊，信心百倍。

一、"炎学"的基本含义

"试学"指的是课前的尝试性学习，即学生在课前对即将学习的新知识进行尝试性的学习。"炎学"是在"试学"的基础上提出来的，学生利用课余时间，主动积极地、充满热情地进行课前尝试学习，"炎学"比起"试学"更具主动性、自主性、实践性、综合性和创造性。"炎学"中的"炎"寓意"热情似火"，"学"指的是"试学"，也就是尝试性学习，和自学相近，但又不尽相同，自学的侧重点是看书理解知识，而"试学"凸显的是学生在课前尝试研究数学知识，从研究的角度去"自学"，经历课前研究数学的过程中，积累课前研究数学的经验和方法。

二、"炎学"的基本要求

在新课知识还没有学习前，学生按照"六要素"的方法进行预习，主要是阅读课本、提出疑问、尝试解题、搜寻与新知相关的学习资源，从而对新知识有关初步的了解，使学生知道自己哪些方面已经理解和掌握了，哪些方面还有疑问，上课的学习就显得更有针对性，不会平均用力。

三、"炎学"的主要形式

"炎学"的主要形式有两种，一种是"导航引导式"，教师提供"试学导航"，给予学生学习指引，学生只需要按照指引一步步完成即可；另一种是"完全开放式"，教师不需要提供任何素材，学生按"六要素"尝试研究即可。通常，教师需要根据学生的年龄特点和知识水平、学习力、学习习惯、学习方法等方面的情况，教师会灵活选择"炎学"形式。面对低年级或者刚开始的"炎学"的学生，教师会每天布置"试学"任务，甚至提供"试学导航"，同时手把手地指导学生"试学"、激励学生"试学"。逐步达到不需要教师每天去布置任务，学生学完前一课时的知识就自觉自学下一节课时的新知识；主动阅读数学读物，主动进行课前的数学小测量、小调查等，主动和同学家人朋友讨论数学问题（图4-3-1是广东省赖宁静名教师工作室入室学员邹翠莲老师上"从结绳计数说起"所用的试学导航）。

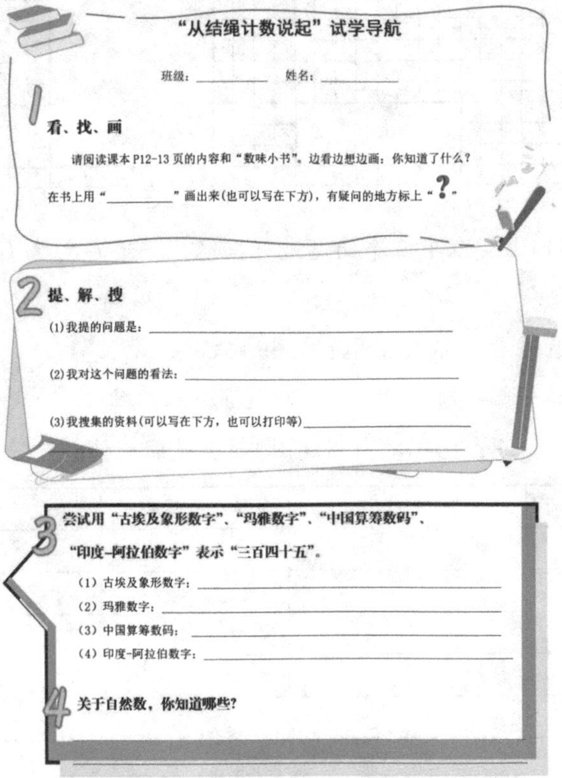

图4-3-1 试学导航

以下是"生活中的比"等两个课例的试学导航：

"生活中的比"试学导航

班级　　姓名

1. 读一读：请阅读课本第69页的内容。边看边想边画：你知道了什么？在书上用"＿＿"画出来（也可以写在下方），有疑问的地方标上"？"

＿＿＿＿＿＿＿＿＿＿＿＿＿＿＿＿＿＿＿＿＿＿

2. 试一试：

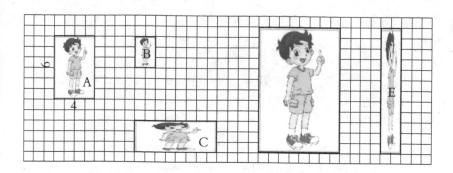

请同学们围绕以下三个问题进行探究，并填写表格（每个小方格的边长为1厘米）。

（1）看一看：哪几张图片与图A比较像？

（2）算一算：通过计算，你找到了什么规律？

（3）想一想：它们之所以和图A像，是因为什么？

照片	长	宽	列算式，找规律	我的发现
A				
B				
C				
D				
E				

"轴对称（一）"试学导航

班级　　姓名

1. 我会看，我会画：请阅读课本第23页的内容。边看边想边画：你知道了什么？在书上用"＿＿"画出来(也可以写在下方)，有疑问的地方标上"？"。

_____

2. 我会剪：选一个图形，和家长一起剪下来贴在下方，并说一说他的特点。

（如位置不够，可贴在后面）

四、"炎学"的基本方法

主要采用"炎学"六要素进行尝试性学习。

（一）关于"炎学"六要素

"炎学"六要素指的是看、找、画、提、解、搜。

"看"指的是看数学课本，先看主题图、例题等；"找"就是找出主题图或者例题中的数学信息；"画"就是用符号作标注；"提"指的是提出数学问题；"解"就是尝试解决问题；"搜"就是搜集生活中相应的数学问题。笔者把它归纳为以下几句话：

看：就像数学显微镜，图文符号数字心中清

找：就像数学扫描仪，扫入信息问题脑中存

画：就像数学小画家，数学信息问题画一画

提：就像问题小银行，提出数学问题存起来

解：就像数学解码器，解决数学问题勇敢试

搜：就像数学小引擎，搜搜生活网络数学题

第一句话给学生的"看"提出了要求，将之比喻成数学显微镜，学生无论是看例题还是看图，抑或是看练习题，无论是图形、文字、数字还是符号，都看得清清楚楚，明明白白的。

第二句把"找"比喻成数学扫描仪，意指学生看了，但不要忘了，可以像扫描仪那样，把自己通过看得到的信息和问题存在脑海里。也就是说，要养成："我看到了，就记住了"的习惯。不能像阳山俗话里讲的那样："水过鸭背"，意思是说，水流过鸭子的背，鸭子的背依然是干爽的，根本就没有水停留过的痕迹。我们看书不能那样，要做得"雁过留声，水过留痕"，养成边看边记的好习惯。这种好习惯一旦养成，不仅有利于数学学习，也会迁移到其他学科的学习，使学生终身受益。我们不难发现，许多数学学困生之所以学得不好，学得艰难，这与他们连题目都看不明白是有很大关系的。在30多年的教育教学生涯里，许多孩子读着读着题目，就明白怎么做题了。反之，如果没有把题目读懂，那么，即使你讲多少次，他理解起来也是非常难的，相反，如果他理解了题意，那么老师点拨一下就明白了。数学的学习，贵在理解，也就是既要"知其然"，也要"知其所以然"。学生的看，不仅仅是看到了，记住了，更重要的是在看的过程中看进"心里"去了，也就是理解了。这样的看，才是有效果的。

第三句中的"画"有几重意思。一是画符号，如横线、波浪线、圆圈、笑脸、问号等；二是画图，把数学信息和问题画在图上，如线段图、格子图、自创符号图等。

第四句中的"提"，实际上是提问题的意思。众所周知，提出一个问题往往比解决一个问题更重要。这是伟大的科学家爱因斯坦说的一句名言，我们都不陌生，但是，在数学教育中却常常被部分老师忽视。此句的意思就是，把学生自己提的问题存在自己的"问题小银行"里，解决了一个问题，就打一个勾，没有解决的问题在课堂上重点解决。

第五句中的"解"，指的是解决问题，学生经历尝试解决问题的过程，提高分析问题和解决问题的能力。

第六句中的"搜"，指的是搜索，一是搜索生活中有哪些方面应用了所学的知识。例如，学生自学了"小数的意义"后，让学生搜一搜，生活中还有哪些地方有小数，想一想这些小数各表示什么？学生A：我在超市里找到了很多小数，4.50表示每盒（250毫升）牛奶的单价；学生B：我做了个长方形，它的长是8.5厘米，宽是2.3厘米。二是在课外读物、网络等搜索与这节课相关的知识，也可以观看相应的微课视频等。搜的过程既是学生把数学书本知识与现实生活联系起来的过程，也是利用信息计算释疑解惑的过程，更是数学学习方法渗透和数学价值领悟的过程。

（二）"炎学"的具体方法

"炎学"的具体方法是边看边找边画，先提后解再搜。一是边看边找边画。学生打开课本，一边看书一边用自己喜欢的符号画一画数学信息、问题、重点、疑点、障碍点等，画一画图。可建议学生用横线画出数学信息，用波浪线画出数学问题，用圆圈圈出关键词，在草稿本上画图（鼓励和帮助中高年级的学生画线段图）。二是先提后解再搜。学生经历了"看找画"的过程，对课本主题图和例题已经有了初步的了解，在此基础上尝试提出问题，鼓励学生至少提两种问题，一种是提出自己拿手的问题猜同学，另一种是提出自己不懂的问题向同学和老师请教。建议学生把自己提出数学问题存在"问题银行"里，然后尝试解决所提出的问题，最后搜一搜和这节课相关的生活、生产、劳动、科技等领域中的数学问题。

第四节 课中"研学"

学生有了"炎学"的基础，就有了"问题"带进课堂，这些问题可能是已经解决了的，也可能是还没有解决的。有了"问题"带进课堂，课堂变成"研究数学问题"的舞台，就对学生更有吸引力，课堂就更有生命力。

一、"研学"的基本含义

"研学"指的是在课中的研究性学习。主要分为八步走：赏"研"、引"研"、独"研"、助"研"、雁"研"、修"研"、炼"研"、评"研"。引导学生围绕某一个数学主题展开研究，看一看、说一说、做一做、算一算，开展研究性学习。

二、"研学"的基本要求

（一）"研学"的角色要求

教师的角色依然是教师，是善于当好学生"研学"过程中引导者、组织者、同行者角色的教师；学生是主体，他们是课堂上真正的小主人，凡是能够让学生做的就让学生去做，凡是能够让学生说的就让学生去说，凡是能够让学生主持的就让学生去主持，凡是能够让学生评价的就让学生去评价，凡是能够让学生解答的问题就让学生去解答，凡是能让学生操作的就让学生去操作……教师在课堂上是为学生的学习和研究服务的，在疑问之处点拨，在困难之处帮扶，在争议之处引导，在精彩之处点赞。

（二）"研学"的内容要求

依纲靠本，即以课程标准为指导，围绕教材内容展开，为教学目标的达成服务，着力于培养学生的核心素养，设计"研学"主题，通常以课本例题作为

"研学"主题；或者把课本上的内容分解成几个"主题"作为学生的"研学"内容；还可以把整册书的内容进行整合，分成若干主题进行研究。在确定主题的过程中，力求凸显知识的综合应用、学科的融合、主题的吸引力，具有综合性、趣味性、开放性、拓展性、融合性等特点。

三、"研学"的主要形式

"研学"的主要形式有调查、实验、测量、画图、制表、归纳、推理、应用等。学生通过独立思考、同伴合作、小组交流、全班汇报、质疑问难、多元评价等经历知识的产生过程，积累活动经验，活用所学知识，体现学用合一，融会贯通，学生边学边用、现学现用、活学活用。

四、"研学"的具体流程

"研学"的具体流程分为八步走，前一步是后一步的基础，后一步是前一步的延伸（可以根据课堂教学过程中的实际情况进行适当的调整）。文中把课堂划分为课始和课中，其中，课始指的是预备铃到上课铃响的三分钟，课中一共有四十分钟，这四十分钟包含引入、新课、练习、总结、评价、作业等课堂基本要素。只是这些要素被添加了"研究"的味道，力求把教师讲的机会留给学生，把评价的机会留给学生，把思考的空间留给学生，把操作的机会留给学生，把寻求解决问题方法的钥匙"交"给学生，让学生自行寻找解决问题的方法。让学生动起来，体现"七动"，即脑动、眼动、耳动、口动、手动、鼻动、心动。

（一）第一步：赏"研"

在课始分享课前"炎学"的成果，通过在分享中相互学习，相互欣赏，相互帮助，引发思考。主要步骤如下：小主持人上台主持—小老师分享—同桌或四人小组分享。"课始"指的是预备铃和上课铃之间的三分钟，教师充分利用这三分钟的时间开展课始分享活动，此项活动由学生主持，并由"小老师"上台分享。学生分享的内容主要是他们在"炎学"过程中的收获、困惑、提出的问题、收集到的资料、自己的试学经历等。在收获方面一般包括学生在书本上画了什么数学信息、数学问题，圈出了什么重点等，此环节一般采用先个别展示再与同桌分享的形式进行，即先由"小老师"到平台投影，再同桌相互分享的形式进行。在分享的过程中"欣赏"，在"欣赏"的过程中相互学习，在学习的过程中再次感知新知识，激起研究热情，思路得到初步的拓宽、挖深。

赏"研"只有三分钟，时间紧，任务重。要在这么短的时间里完成分享内容，就必须非常的紧凑，教师尽可能不"说话"，把"说"的机会留给学生，放手让学生去说、去评、去纠正，用学生的智慧去点燃其他学生的智慧，教师充当舵手，主要把握好方向，话题偏的时候调正它；话题没完没了的时候巧妙暂停它；有错却发现不了的时候提醒它；争执不下的时候给些台阶下。赏研时间是很少的，无论是教师还是学生，都要精打细算，还要一边实践，一边总结，才能完成预设任务，发挥好它的作用。

（二）第二步：引"研"

在赏"研"的基础上，学生对学习内容已经有了更客观的理解，已经了解自己"有什么""缺什么"，许多学生已经迫不及待地想要一展身手，需要教师这一"推手"。

1. 引"研"与引入

"引入"就是导入的意思，而引"研"是引入的其中一种方式，只是着重点在于引入课中的研究。

2. 引"研"的目的

教师在这个步骤中的作用就是添加"催化剂"，把学生的求知欲、好奇心、进取心进一步点燃，引向研究的方向，激起研究的热情。方向对了，热情高了，效率才能高。

3. 引"研"的原则

课堂的时间是有限的，要把有限的时间留给学生无限的知识研究中。这就是引"研"的原则。简单来讲就是时间要短形式多，奇趣并存热情多。首先体现在时间的把握上。无论用什么方式来引入新课，都要严格把时间控制在三分钟以内，力求一分钟左右完成，这样才能把更多的时间留给学生去研究新知识。如果能用一句话引入就不用两句话，如果能30秒完成的事情就不用一分钟，引入干脆利落，不拖泥带水。这就需要教师做好充分的课前准备，加强教学语言的锤炼，引入素材的选择，引入形式的筛选，其实也体现了"引入一分钟，教师十年功"的特点。时间用得少，效果却要好，就更考验我们的老师，需要老师付出的更多了。笔者认为，当老师的一定要学会精打细算，课堂上的每一秒钟都不要浪费，讲什么话，做什么事，不应该讲什么话，不应该做什么事都要清楚明了，提前预设，避免不必要的时间浪费，才能更好地提高课堂教学效率。其次体现在形式上，可以是数学谜语、儿歌、数学故事等；可以创设真实情境、模拟现实情境等；可以激趣引入，也可以设疑引入，还可以疑趣并存式的引入。但是，无论你用何种方式引入，都要有很强的时间观念，坚持从简原则。而且，无论以何种方式引入，都要与所学习内容相关，要有数学味道。

4. 引"研"的特点

引"研"的特点有两个：能够引发研究兴趣；简短明了，干脆利落。

5. 引"研"的方式

引"研"的方式主要有以下几种。一是开门见山式。如："看来同学们通过课前的'炎学'已经有了不少的收获，下面就让我们一起走向深入吧。""我们在问题银行里存了这么多的问题，下面就一起来解决吧""问题千万个，先来解决这一个""三人行必有我师焉，让我们一起来学习吧""一二三四五六七，我们一起争第一""一二三四，努力前进，看清问题，小组齐行"。以极其简短的语言引入新课的学习。二是直奔主题式。也就是教师直接揭示研究主题，让学生明确研究任务，尽快进入研究角色。

（三）第三步：独"研"

独"研"的"独"指的是独自，"研"意指研究，独"研"就是一个人单独去研究的意思。继引"研"后，教师在课堂上创设机会让学生反思。学生打开课本，独立思考自己在课前的"炎学"情况，教师可以根据实际情况建议学生可以从以下几个方面思考：有哪些方面的知识已经弄明白了，有哪些方面的知识似懂非懂，有哪些方面的知识是有疑问的。学生在几分钟的独"研"时间里，可以静静地看书，静静地回忆课前的预习情况。每位学生的数学研究是带着问题来的、带着方法来的，是有备而来的，是充满期待的。学生知道自己需要什么，缺少什么，已经有什么，使接下来的小组交流目的性更强，主题清晰，效果自然更好。

在课中增加这样的一个环节，看似可有可无，实际上并非如此。在开展合作学习前，给学生些时间再次整理一下自己的预习成果与困惑，使接下来的合作学习是建立在学生独立思考的基础上的，在合作的过程中自然更清楚我要说什么、做什么、缺什么、有什么，在一定程度上提高了助"研"的效果。

（四）第四步：助"研"

助"研"中的"助"就是帮助的意思，学生以小组为单位，可以是同桌为小组，也可以是3~8人为一个小组，围绕某一个数学小主题进行交流、讨论，这些研究的小主题可以是老师提出了的，也可以是学生在自学的过程中产生的还没有解决的问题，在这一研究的过程中每一位学生都发挥自己的作用，相互帮助，相互提高，相互促进。助"研"其实是合作型的学习方式。

1. 助"研"的目的

助"研"的目的是培养学生的团结协助能力，实现互帮互学互促进。使新知识的产生是经历了学生个体的独立学习、同伴的相互学习而习得的，充分发挥学生学习的自主性、主动性和创造性。

2. 助"研"的原则

助"研"的基本原则有五个，第一个原则是因需要而助"研"。根据课堂上学生的学习需要而产生，如果在课堂教学的过程中，发现学生难以理解的部分，需要小组交流和讨论的，就让学生进行交流和讨论，如果每位学生都通过个体的学习对知识理解得很好，就可以不进行助"研"这一环节。在其他教学环节中，如果学生遇到了难题，需要进行小组合作学习的话，就可以采用助"研"的方式。例如，在练习环节，如果学生觉得困难，需要和同学交流，也可以把学生遇到的难题作为研究的主题进行交流，通过交流来帮助学生解决难题，这样既帮助了学习有困难的学生，也使其他学生对知识的理解更为透彻，说理的能力得到提高。第二个原则是合作性原则。强调同伴间的相互合作，发挥每一个个体的智慧和力量。第三个原则是自主性原则。在研究的过程中，突出学生个体学习的自主性，每一位学生都有表达、操作的机会，每一个个体的表达都受到其他学生的尊重，团队中的氛围是和谐的，团队成员之间是相互鼓励、相互包容、相互理解、相互帮助、相互谅解的。既有你追我赶，也有拉你一把，携手共进。第四个原则是主题明确。有研究主题，且每一个团队里的成员都非常明确自己研究的主题是什么，要怎样去进行研究。第五个原则是分工明确。小组内成员谁是小组长，谁负责记录，谁负责测量，谁负责汇报，谁负责找资料等，因解决主题的需要而进行分工，每个团队成员都有任务。组长的担任一般建议学生采用轮流制，让每一个孩子都有机会当组长，让每一个孩子都是参与者，而不是旁观者，更不是假参与者。

3. 助"研"的特点

助"研"与小组合作学习相同吗？助"研"是小组合作学习的一种，只是研究的味道更浓些，主题更为鲜明些。侧重于把小组共同完成的内容提炼为小主题，学生围绕小主题开展一系列活动。在课堂上无法完成的，有时候还需要延伸至课外。助"研"的特点主要有两个：一是合作性。助"研"不是学生独立完成的，而是由两个或者两个以上的个体去共同完成的。二是互助性。助"研"具有互助性，团队里的成员围绕某个主题展开研究，在研究的过程中相互帮助，相互协助，说想法，尝试做。在助"研"的过程中交换想法、讨论方法，得出结论。

4. 助"研"的方式

助"研"即学生以小组为单位通过说一说、看一看、做一做、想一想、找一找等方式进行交流，重点针对"炎学"中遇到的疑问进行讨论。通常先明确研究主题，如我们要完成什么任务或者我们要研究的小主题是什么；接着小组交流。

（五）第五步：雁"研"

即开展全班汇报。学生通过助"研"，已经做好了汇报本组研究成果的准备，此时，教师创造机会让学生在全班展示汇报。汇报的人数和方式都由学生在小组内讨论决定。

（1）小组内所有的成员都上台展示汇报。学生有的会有分工，例如，谁负责讲解，谁负责展示或板演；谁负责讲第一部分，谁负责讲另一部分；有的小组会几个成员齐答的方式。总之，把如何展示的自主权交给学生，让学生自己去选择。

（2）派代表去汇报，既可以派一名代表汇报，也可以派两名代表汇报，选派代表的人数可以由学生自行决定。

（六）第六步：修"研"

即练习环节。创造机会让学生应用所研究的成果解决数学问题。修"研"要力求突出实践性、趣味性、开放性、应用性等特点，学生解决问题的过程也是进一步研究数学问题的过程，也是进一步体验数学价值美的过程。

如在教学北师大版四年级上册《认识更大的数》一课，就设计了这样的练习：智过数字王国。话说唐僧师徒四人历经千辛万苦，这日来到了数字王国。

国王说，如能闯过数字关，方能换得通关文牒（现在的护照）去往西天取经。唐僧束手无策，孙悟空抓耳挠腮，猪八戒连连摆手，沙僧面露难色，请你帮帮忙吧。

第一关：恢复数位顺序表

数字王国里有一张秘方（见表4-4-1），小王子喝水的时候不小心弄花了，你能帮忙恢复原貌吗？

表4-4-1 顺序表

数级	…	亿级				万级	个级		
数位	…	千亿位	百亿位	亿位		十万位	千位	十位	个位
计数单位	…	千亿	百亿	亿		十万	千	十	个

第二关：揭示神秘的大数

数字王国里有个很神秘的大数，就藏在计数器上（见图4-4-1），这个数是多少呢？

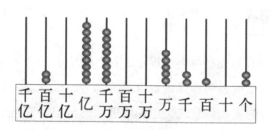

图4-4-1 计数器

这个数由（ ）个百亿，（ ）个亿，（ ）个千万，（ ）个万，（ ）个千，（ ）个百和（ ）个1组成。这个数是（ ）。

第三关：找出数轴上的朋友

数轴上的朋友看到孙悟空和猪八戒，吓得躲了起来，你能帮忙找到它们吗？

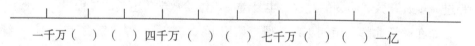

第四关：揭秘孙悟空的筋斗

孙悟空一个筋斗十万八千里，你觉得十万八千里到底有多远？请你描述这个数有多大？

第五关：搜索生活中的大数

唐僧师徒换得通关文牒，孙悟空翻了几个筋斗云，竟然来到了2022年，发现很多数，请大家读一读。

1. 第七次全国人口普查结果显示我国2021年人口共14.1178亿人。2. 正常人的心脏一年大约要跳4200万次。3. 中国每年交通事故50万起，因交通事故死亡人数均超过10万人，稳居世界第一。

第六关：有趣的问题

比千亿还大的计数单位是什么？生活中还有哪些更大的数，到底有多大？

在练习环节里，要注意加强对比，让学生在对比中深入理解知识之间的联系，从而更好地掌握新知识。如学习了圆柱体的侧面积后，可以设计这样的练习：

求下列各圆柱体的侧面积

（1）底面周长是3.14厘米，高是4厘米。

（2）底面直径是2厘米，高是1分米。

（3）底面半径是3分米，高是3米。

（4）圆柱体的侧面展开是一个正方形，边长是6分米。

（5）圆柱体的高是5分米，侧面展开是一个正方形。

（七）第七步：炼"研"

即对本节课的数学研究成果进行提炼，形成结语。

数学课堂结语是对某一节课或者某些知识点，如概念、计算方法、规律、公式等进行归纳整理或再呈现，帮助学生厘清知识间的联系，形成系统的知识网络。起着明晰知识点、画龙点睛的作用。

可以尝试把数学课堂小结与其他学科进行整合，让数学小结语变得如诗、如画、如歌，美观明了，朗朗上口，难以忘怀。

1. 让"小结如诗"

把数学小结语与语文学科相结合，让小结如诗，变得朗朗上口、易学易记，使学生在学习数学知识的同时，感受诗歌的对仗美、语言美、修辞美，让学生感悟原来数学知识中也有语文知识。让数学小结如诗，有效地克服小结语比较抽象和枯燥的缺点，融数学知识于其中的儿歌、诗词，语言简练，读起来朗朗上口，便于记忆，为孩子们所喜欢。如教学《角的初步认识》一课，当学生探究出"角的大小与边的长短没有关系，与两边的张口有关"这一教学难点后，我引导学生把小结语写成了儿歌：角大小，谁决定，张口大小做决定，边的长短没关系，张口大，角就大，张口小，角就小。

2. 让"小结如画"

（1）把数学课堂小结置于图案中（见图4-4-2所示），使人一目了然，印象深刻。如教学《百分数的认识》。

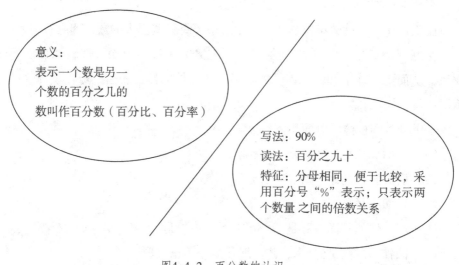

意义：
表示一个数是另一
个数的百分之几的
数叫作百分数（百分比、百分率）

写法：90%
读法：百分之九十
特征：分母相同，便于比较，采用百分号"%"表示；只表示两个数量之间的倍数关系

图4-4-2　百分数的认识

（2）结语用图来呈现，此时无声胜有声

引导学生把本节课所学的知识用图画出来，如学生学习了《圆柱体的表面积计算》后，教师请学生小结在计算圆柱体的表面积的时候需要注意的问题，学生画了三幅图：一幅是有底有盖的；一幅是有底无盖的；一幅是无底无盖的。用简单的图形，说明我们在计算圆柱体的表面积时，要注意所要求的圆柱体有几个面，有几个面就把几个面的面积加起来。

3. 让"小结如歌"

课堂小结能帮助学生整理知识，突出重点、突破难点。每一节课都有自己的重点和难点。可在讲课的过程中，为了使学生掌握这些知识，还要讲授大量的与此相关的内容。一节课下来，学生头脑里涌进了大量的零碎信息，这些知识往往是不稳定的，不牢固的，特别是新旧知识之间容易混淆，产生理不顺的现象。因此，教师有必要采取措施帮助学生对此进行课堂小结能提高学生的注意力，升华学生思维。当教师讲授完新课后，随着下课时间的临近，学生的注意力由高度集中到逐渐分散，渐渐变得心不在焉，为此教师适时运用课堂小结组织好教学过程的第二次"飞跃"，通过巧设疑问、营造氛围，能提高学生的注意力，培养学生的思维能力。课堂小结可以提炼思想、承前启后，激发学生的求知欲。数学知识具有一定的系统性和连贯性，旧知识是新知识的基础，而新知识又为以后学习作铺垫。但实际学习时，由于时间关系，往往只能就所学内容进行讲解，对本课与其他知识之间的联系讲解的较少。学生对所学的内容不能很好理解，往往死记硬背，或者虽然暂时记住了，却难以长时间记忆。因此，每节课结束前用一点时间适当地进行小结，把本节课所学内容与前后的知识进行联系，从而帮助学生更灵活、更深刻地理解掌握所学的知识，丰富自己的知识体系，并通过归纳小结，把相关知识融会贯通，为新课作铺垫。

为数学结语谱上美妙的音符，让它变成歌曲被学生唱出来，数学更添了艺术之美。如在教学北师大版小学数学四年级下册第三单元第48～49页《包装——小数乘法的竖式计算》。把音乐学科与数学学科整合起来。学生得出结语后，把结语变成朗朗上口的歌词，添上耳熟能详的乐谱《如果感到幸福你就拍拍手》，成为一首学生一听便会的《竖式计算方法歌》（见图4-4-3）。旨在使学生研究得深入，理解得透彻，学得欢快。

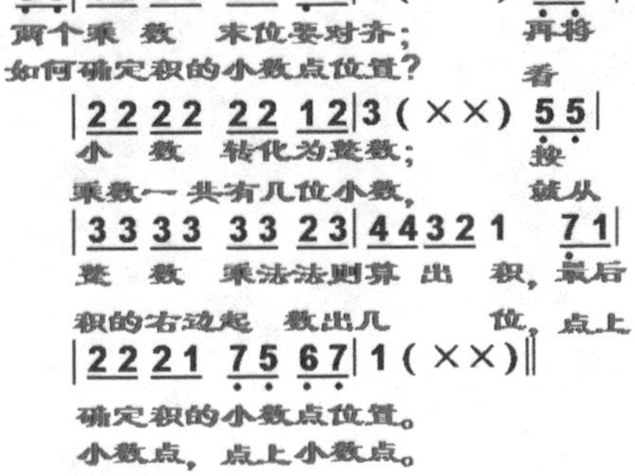

图4-4-3 小数乘法的竖式计算方法歌

良好的课堂小结设计可激起学生的思维高潮，产生画龙点睛、余味无穷、启迪智慧的效果。课堂小结是课堂教学环节中的重要一环，不仅可以帮助学生掌握知识和技能，还可以促进认知结构的形成，新知识模块的建立，解题技能的优化和思想方法的提炼等。课堂小结就是其中一种高效率的方法。

在课堂小结环节，要引导学生回忆所学，用自己喜欢的方式呈现出来。当然不可能每一节课都可以用歌曲的形式呈现，也不可能都可以以画的形式呈现……但是，我们要有让小结语简单而容易记忆的意识，要有让结语如诗如画的意识，要有让结语如歌如舞的意识。有的小结，配上手势，就更让人印象深刻，非常有趣。如一年级学生学习凑十法后，就是配合手势讲述$1+9=10$，$2+8=10$……教师给配上活泼灵动的音乐，学生边做动作边说，他们脸上挂着微笑，可以看出儿童的喜悦。我想，能让儿童的学习有喜悦，已经是极大的成功了。

（八）第八步：评"研"

即学生对自己、同学和老师的表现进行评价。

口头评价：课即将结束前，让学生说一说：你觉得自己表现得怎么样。

书面评价：学生可以在书上或者打印好的评价表上进行自我评价、生生互评和评价老师。

手势评价：教师可以引导学生用手势评价自己的表现，例如，如果你觉得自己表现得非常棒，就把大拇指高高地举过头顶；如果你觉得自己表现良好，就把大拇指平举在胸前；如果你觉得自己表现得不够好，就右手握拳，做加油的手势。

第五节 课外"延学"

主要探索出四种课外"延学"的方法:"生活延学""问题延学""活动延学""阅读延学"。

"生活延学"即引导学生从生活中发现与所学习内容相关的数学问题,提出数学问题,尝试解决问题,低年级的学生把自己发现的数学问题说给爸爸妈妈听,中高年级的学生写成数学日记或数学小故事。这样把课堂所学的数学知识延伸至生活中,从生活中抽象出数学问题,从具体情境中抽象出数学问题。从而更好地培养学生用数学的眼光去观察世界,用数学的思维去思考世界,用数学的语言去描述世界。

"问题延学"即以课堂上研究的问题为"母问题",提出"子问题",从而使学生对知识的理解和应用逐步走向深入。

"活动延学"即以活动为载体,把所学习的数学知识寓于活动当中,让学生在活动中经历学习的过程,在活动中生成和积累自己的经验,达到深化认识,活用所学的目的。每学年都以学校为单位举行"数学节"系列活动,内容有:口算比赛、速算比赛、数学故事大家讲、数学诗歌大家读、数学谜语、数学拼图、算"24点"、数学日记(周记)、数学手抄报、数学课本剧、数学书画展……

"阅读延学"即以数学阅读的方式,凸显数学与语文、科学、历史、信息技术等学科的融合,拓宽学生的知识面,拓展学生的视野。一方面引导学生读课题组汇编的《数味小书》,另一方面引导学生阅读《数学家的故事》《数学好玩》《数学小灵通》等。数学阅读融"知识性、趣味性、实践性、创造性"为一体,体现数学与生活的紧密联系,感悟数学美,激发学生学习数学的兴趣,拓展知识面,拓宽视野。数学阅读为学生打开了另一扇认识数学世界之窗。

　　以"数学好玩"为载体，让学生学"好玩的数学"，觉得数学真好玩。体现综合性、实践性、问题性、趣味性、过程性等特点，培养的是会合作，有自信，有问题意识，能独立思考，爱研究，善研究的学生。学生的应用意识、实践能力、合情推理与演绎推理能力、创新意识、自主学习能力等得到培养和提高，学生发现问题、分析问题、解决问题的能力得到提高，他们在学习的过程中，学会交流与合作，体验成功的乐趣，锻炼了克服困难的意志，增强学习的自信心。

第六节　融合，让数学更好玩

为了学生的数学学习更有趣味和深度，让数学更好玩。在小学数学其他单元知识教学中，提出与"数学好玩"深度融合的四大原则和一种方式。

一、四大原则

基于核心素养的小学数学其他单元知识与"数学好玩"深度融合需要遵循以下四大基本原则。

（一）课堂教学途径融合的一致性

形式融合的一致性指的是：其他单元知识的课堂教学与"数学好玩"的教学形式体现一致性，也采用"三yán课堂"教学形式。力求使其他单元知识的学习也凸显"数学好玩"课型综合性、实践性、趣味性等特点，通过问题为媒介，设计数学实践活动，引导学生主动发现数学问题、提出数学问题、分析数学问题、解决数学问题，去感悟数学的作用、综合运用所学的数学知识解决身边的数学问题，凸显学以致用，感悟"数学好玩"。

（二）课堂教学内容融合的交融性

内容融合的交融性指的是：其他单元知识与"数学好玩"在教学内容方面的深度融合体现水乳交融的特点。其他单元知识与"数学好玩"在教学内容方面是密不可分的，"数学好玩"这一单元的内容包含其他单元的知识，其他单元知识为"数学好玩"知识打下基础。

（三）课堂内外活动融合的交互性

内外融合的交互性指的是：通过课内外的相互融合，引导学生把生活里的数学问题带进课堂，把课堂里的数学知识应用于生活实践，实行在生活中综合运用所学的应用数学，解决相应的数学问题，在课堂中运用所学研究数学。

例如，撰写主题式数学日记，成为学生的数学读物；开展小调查，如餐桌上的数学、厨房里的数学、讲台上的数学、足球场上的数学、劳动教育基地上的数学、故事里的数学、数学家身上的数学等，把优秀的作品搜集起来，形成《数味日记》《数味故事》。内外融合的交互性，凸显在课堂内外中提升学生的研究能力，特别是合作学习能力、自主学习能力，培养学生会用数学的眼光观察现实世界，会用数学的思维思考现实世界，会用数学的语言表达现实世界的能力。

（四）多学科与数学融合的拓展性

音乐、游戏、劳动、科学、信息技术或体育等学科与数学的融合体现拓展性，领着学生走进更广阔的天地，使学生学习的是数学，又不仅仅是数学。

二、一种方式

探索出基于核心素养的小学数学其他单元知识与"数学好玩"深度融合的方式，即"一板一眼三步走"。"一板一眼三步走"中的"板"指的是"数学好玩"这一板块，"眼"指的是"着眼"的意思，意指着眼于核心素养的培养，"三步走"指的是"提炼—分析—关联"。

第一步：提炼。一是提炼"数学好玩"这一板块的核心知识点及核心素养的主要表现；二是提炼"数学好玩"这一板块中每一节课的知识点和核心素养的主要表现；三是提炼其他单元的知识点和核心素养的主要表现。

第二步：分析。分析所提炼的知识点和能力点，找出"公有知识点"。

第三步：关联。在其他单元知识教学中融入"数学好玩"要素，在"数学好玩"板块中引导学生灵活应用其他单元知识。

王海霞老师在上《什么是周长》一课时，同样注重提炼、分析和关联。提炼出本册书中"数学好玩"中的"校园中的测量"一课的核心知识点是周长的测量。而这一核心知识点从"校园中的测量"一课的活动任务（测量体育器材或小树的高度以及学校操场的周长）就能看出来。而核心素养的表现主要是量感和几何直观、空间观念。"数学好玩"与本节课共有的知识点就是"什么是周长"，为此，在课中的每一个环节尽可能地融入"数学好玩"要素，例如，在练习环节就凸显数学好玩：

第一关（图形飞花令）：下面哪些图形有周长，哪些没有，为什么？

第二关（数学小裁判）：

1.蜗牛赛跑。（平面图形设在方格图上的）

两只蜗牛绕图形赛跑一周。（学生可以选择其中一个问题，也可以完成两个问题）

问题一：它们的跑道一样长吗？

问题二：如果两只蜗牛跑得一样快，谁先到达终点？

2.动物跑步比赛：一片长方形草地被分成A、B两个部分，小鼹鼠和大象要分别绕A、B两块草地跑一圈，它们跑的路一样长吗？

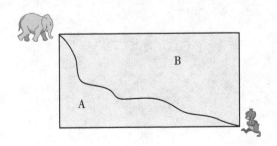

第三关（魔法小红绳）（拍照绳子的造型）：

每位学生一根绳子，长度一样。学生用绳子摆弄出不同的形状，比一比，谁摆弄出的图形周长比较长？

学生汇报后，课件出示用绳子摆弄出来的圆。祖冲之："我有个重大的发现，是和这个圆的周长有关系的，希望你们努力探索，找到其中的奥秘。"

这样的练习，每一道题都围绕本节课的核心知识点去设计，每一道题都是很有趣的，既有广度，又有宽度，还有深度。

第五章

又研好玩的"学用式"数学

好玩的"学用式"数学课应该是怎样的？一节数学课，只有突出学生的自主学习，学生成为课堂真正的主人，才会灵动，才会焕发出智慧的火花。

第一节 好玩的数学课是有"意外"的

对于学生来说，如果数学是好玩的，那么数学学习的过程必然是学生积极主动、自发和自愿的学习过程。具体表现为乐学、会学、善学。站在学生的角度看，要使学生的自主学习能力得到提高，学生需要什么帮助？一是知道我要"学什么"？二是知道我应该"怎样学"？三是我学得"怎么样"？要解决这些问题，教师需要加大引导的力度，讲究引导的艺术，让数学课堂产生更多的"课堂意外"。这些"课堂意外"看似意料之外，实则情理之中，是非常宝贵的课堂生成资源，作为教师要善于捕捉这些"意外"，用好"课堂生成资源"，书写"数学好玩"的新篇章。主要从以下三个方面来实现：利用"试学导航"，引导课前试学，孕育"课堂意外"；重视交流汇报，注重课中研学，萌发"生成资源"；捕捉"课堂意外"，感悟数学魅力，培养核心素养。

一、利用"试学导航"，孕育"课堂意外"

要引导学生课前试学，关键是解决"怎样学"和"学什么"的问题。小学生年纪较小，自学能力还不够强，需要引导。而"试学导航"就如他们探索路上的明灯，把整节课的教学目标、重点和难点蕴含其中。有了这一盏明灯，就为资源的生成提供了肥沃的土壤，使"多彩""意外""奇思妙想"得以"生根发芽"。因此，我尝试以"试学导航"为引擎，为学生提供帮助，引导学生课前试学。如在教学北师大版四年级上册《确定位置（一）》一课时，就设计了如下"试学导航"：

先独立思考，再以小组为单位讨论下列问题：

（1）请用你喜欢的方法（如画图、数字、语言或符号）告诉听课的老师班长的位置在哪里。

（2）自学课本第80页，思考下列问题：

① 小青的座位在哪里？小敏的位置是（ ， ），小华的位置是（ ， ）。

② （1，4）表示的位置是第　　　组第　　　个，

　　（4，3）表示的位置是第　　　组第　　　个。

③ 列数从（　　　）往（　　　）数，行数从（　　　）往（　　　）数。

（3）用"数对"表示物体的位置时，第1个数表示（　　　），第2个数表示

（　　　）。

（4）写数对时，（　　　）在前，（　　　）在后，中间加（　　　），外边加

（　　　）。

"试学导航"为课堂资源的生成提供了温床，孕育的资源可能是知识方面的，也可能是情感态度与价值观方面的，还可能是学习方法方面的；孕育的资源可能是这节课的新知识，也可能是对所学知识产生的疑问，还可能是针对同学提出的疑问而想到的对策；孕育的资源可能是从生活中提出的新问题，也可能是独特的想法……如"导研提纲"中的第一个问题就会引领孩子们用自己喜欢的方式来描述班长所在的位置，孩子们会有属于自己的方法，每位孩子画的图是不相同的，每位孩子描述的语言也是不尽相同的，每位孩子所用的符号也是不尽相同的，这些就是可能生成的"课堂资源"。

二、注重课中研学，萌发"课堂意外"

萧伯纳说过："你我是朋友，各拿一个苹果彼此交换，交换后仍然是各有一个苹果；倘若你有一种思想，我也有一种思想，而朋友间交流思想，那我们每个人就有两种思想了。"几十个孩子相互交流自己的一个想法，就会产生思维的碰撞，产生更多的想法，甚至是独特的、有批判性的、有个性的想法，这些都是非常好的学习资源。可见，教师要想方设法为学生创设交流的机会，使"课堂生成资源"破土而出，使学生既懂得怎样学，又学得好，而且在学的过程中促进自主学习能力的提高。

同桌交流、小组交流、全班交流等都是萌发资源生成的好方式。作为教师，要相信学生能交流，要帮助学生进行交流，要鼓励学生进行交流，要创造机会让学生交流。在这个过程中，教师要向学生提出明确的要求，营造相互鼓励的学习氛围，使学生能大胆说出自己的想法，客观评价自己，大胆评价同学

和老师。教师该"懒"的时候要"懒"一点，凡是学生能说的就让学生说，凡是学生能做的就让学生做，坚持不轻易做点评、不轻易讲解，把解决问题的机会让给学生，使新知识在交流中逐渐生成。学生们你一言我一语看似轻描淡写，其实他们正是在这种轻松的氛围中大胆发表自己的看法、反驳同学的意见、评议同学的想法、说出自己的观点……他们经历的不是简单的接受，而是自己主动探索、积极思考、全心投入、认真倾听的过程。新知识的习得真正属于孩子的劳动所得，所得的不仅仅是知识，提高的不仅仅是能力，更重要的是使孩子们懂得用自己的智慧和集体的力量可以探索未知的领域，体验成功的乐趣。

如在教学北师大版四年级上册《确定位置（一）》一课时，当学生交流和讨论了"试学导航"后，安排了全班交流和汇报的环节：

生1：班长的位置在第2组第5桌；

生2：班长的位置在第6组第5桌；

生3：班长的位置在第7组第5桌；

生4：我用画图的方法表示班长的位置（实物投影展示所画的图）；

生5：用6，5表示；

生6：用6、5表示；

生7：如果要表示两个人的位置的时候很难分清，6，5 8，3；

教师：怎样可以更准确、清晰地表示出班长的位置呢？

生8：外边加个小括号。变成（6，5）

……

在这个过程中，教师的"舍"换来的是学生的"得"。学生们的想法就像一颗颗闪烁的智慧之星，他们相互间听着、看着、欣赏着、取舍着、吸纳着……有言语的争辩，有微笑的赞许，有眼神中流露出的佩服……孩子们敢说、敢问、敢评！因为那是他们自己的课堂，自己的课堂自己做主。这个过程就是不断孕育生成资源、不断萌发生成资源的过程，是体现学习的自主性、主动性和创造性的过程。

三、焕发"生成资源"，利用"课堂意外"

苏霍姆林斯基说过："教育的技巧并不在于能预见到课的所有细节，而在于根据当时的具体情况，巧妙地在学生不知不觉中做出相应的变动。"苏霍姆林斯基讲的这种"不可预见的课的所有细节"其实就是课堂的生成资源，我们要善于捕捉"课堂意外"，活用"课堂生成资源"，拓展思路，引导争辩，使学生在课堂上能说会道、能听善辩、善思善学，不断深化自主学习。

（一）让"错误"变成灵感的导线

课堂上常会出现"错误"，活用这些"错误"，让它变成学生灵感的导线，深化自主学习的助推器。如在教学《确定位置（一）》一课，在做数学游戏"听口令起立"的时候，教师说："（7，5）"，话音刚落，有两位学生不约而同地站了起来，教师以这一"错误"为导线，先让站起来的学生说说他所在的位置用数对怎么表示，为什么？然后请一名学生站到讲台前，面对学生，数列数，站起来的学生恍然大悟，大声说："列数从左往右数，是从观察者的角度去看的。"教室里响起热烈的掌声。这样，活用课堂中生成的"错误资源"，学生从"错误"中得到灵感，对新知识的理解变得更明了、清晰和透彻。"错误"这一生成资源成为帮助学生理解新知识的导线，成为学习新知识的传导器。

（二）让"意外"变成动人的乐章

课堂总有许多的"意外"，抓住这些"意外"，成为可利用的学习资源，有利于深化自主学习。如在教学《确定位置（一）》一课，在练习环节里，有这样一道题：描出下列各点并依次连成封闭图形，看看是什么图形（见图5-1-1）。

A（5，9）；B（3，1）；C（8，6）；D（1，5）；E（7，1）

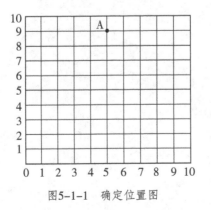

图5-1-1　确定位置图

教师请一位学生拿着遥控笔按"激光教鞭按键"来描点，孩子第一次用激光笔，无法点到想点的位置，于是教师让她到大屏幕前拿着笔描，可是她的个子不够高，周围既没有凳子，也没有长一点的棍子。教师果断地抱起小女孩，高高地，小女孩终于成功了！小女孩回到座位，哭了，孩子们七嘴八舌地说："老师，小冯哭了"……教师微笑着说："她感动得哭了，老师还没有抱过学生上课呢！刚才老师抱着她，她一定是觉得太幸福了，流下了眼泪。"孩子边擦眼泪边笑了。

这样，连续两个课堂即兴生成的资源——"意外"都被老师巧妙化解，成为课堂上一道亮丽的风景线，变成动人的乐章，成为促进学生自主学习的催化剂。教师抱起学生，就像妈妈抱着女儿，学生是那么的可爱，老师是那么的和蔼可亲！孩子哭了，原因可能有很多，此刻如果询问原因，孩子可能哭得更厉害了。教师用简单的几句话，轻描淡写间既保护了孩子的自尊心，又更拉近了师生间的距离，并且让其他学生投来羡慕的目光，希望自己也有机会让老师抱一抱。"亲其师、信其道"，学生喜欢你这个老师，自然就喜欢你所任教的学科，喜欢你所任教的学科，才能产生更大的学习动力，深化自主学习。

学生是学习的小主人，课堂因"生成"而精彩，"生成"因孕育而萌发，因焕发而多彩。课堂生成资源的巧妙运用，让人耳目一新、印象深刻，达到渗透学法指导，培养学生思维能力，提高学生的自主学习能力和创新意识等目的，为学生明天的学习奠定更坚实的基础。

第二节　好玩的数学课是有创新的

时代呼唤创新型的人才，数学教育不再只是使学生学会数学知识，更重要的是突出学生的自主探索，培养学生的创新意识。《义务教育数学课程标准（2022年版）》指出：学生的学习应是一个主动的过程，认真听讲、独立思考、动手实践、自主探索、合作交流等是学习数学的重要方式。为此，教师应激发学生学习的积极性、主动性和创造型，创造机会突出学生的自主探索，使学生在自主探索的过程中真正理解和掌握基本的数学知识与技能、数学思想和方法，积累数学活动经验。在科学技术迅猛发展的世纪里，数学教育不再只是使学生学会数学知识，更重要的是突出学生的自主探索，培养创新意识等核心素养表现。

一、营造"好玩"氛围，点燃创新火花

心理学研究表明：学生在宽松、和谐、自主的环境中学习，才能思路开阔，思维敏捷，主动参与学习活动，从而迸发出创新的火花。因此，教师应营造一个"好玩"的氛围，这种好玩的氛围是和谐、愉悦、民主、安全、平等、轻松而不失紧张的，能够调动每一位学生学习的积极性、主动性和创造性，唤起学生的潜能，使学生产生"我要学习、我要创新"的强烈欲望，产生主动自觉地体验、感悟和探索数学知识的需求。

（一）营造民主和谐的氛围，点燃创新火花

赞可夫说：我们要努力使学习充满无拘无束的气氛，使儿童和教师在课堂上能够自由"呼吸"，如果不能营造这样良好的教学气氛，任何一种教学方法都不可能发挥作用。可见，营造民主和谐的氛围是点燃创新火花的关键。

1.讲究语言艺术，唤起创新热情

众所周知，语言是师生沟通的主渠道之一，讲究语言艺术是消除学生不安全感的"灵丹妙药"，因而，教师要以语言的表现力和感染力来吸引学生的注意力，唤起学生的求知欲和探索热情。教师应恰当运用有声语言和态势语，让笑容长驻脸上，良言常挂嘴边。用教师的微笑换来学生的欢乐，建立融洽的师生关系；以教师的激励性语言消除学生的"惧错"心理，保护学生的自尊心；以赞赏性语言表扬学生的点滴进步，激生奋进。如当学生怯场时，为之投去鼓励的眼神，配以微笑，"我们都在支持你，别紧张，你一定能行！"这样使学生胆怯尽失，轻松作答，使课堂成为师生互动、心灵对话的舞台，民主和谐的教学氛围自然而成。

2.讲究评价艺术，呵护创新热情

心理学研究表明：对学习结果进行评价，能强化学习动机，对学习起促进作用；适当表扬的效果明显优于批评；批评比不做任何评价为好。小学生在探索过程中，既需要老师的支持与帮助，更需要同学之间的相互合作；既需要老师的表扬，也需要同学的赞扬，因此，不要什么都由老师来评价，多开展学生与学生之间的评价，并进行自我评价，甚至对老师作出评价，使学生成为课堂中充满自信的小主人，客观地评价他人（包括老师），虚心地倾听别人对自己的评价，不断地发现自己和他人的优点，克服自己的不足之处，不断总结探索的方式和方法，充分体现师生之间的民主平等，激发学生的探索热情。有句教育格言说得好"鼓励中长大的孩子充满自信，批评中长大的孩子感到自卑"。我们要使孩子们充满自信，因为充满自信的孩子思维更活跃，探索的欲望更强烈，面对表扬和鼓励，会更积极向上，突现个人潜能，迸发出创新火花。为此，教师要细心呵护，让这股创新的热情延续。

（二）营造轻松活泼的氛围，保持创新兴趣

心理学研究表明：创新因素孕育于童年时期，潜藏于兴趣之中。而数学知识本身较为抽象，不易激起学生的学习兴趣。俄国大教育家乌申斯基曾指出：没有丝毫兴趣的强制性学习，将会扼杀学生探求真理的欲望。因此，教师必须变枯燥的数学知识为学生感兴趣的学习对象，把数学知识寓于故事、游戏、儿歌、竞赛……之中，营造轻松活泼的学习氛围，使学生高高兴兴地遨游在数学王国，燃起浓烈的创新热情。如教学《分数的基本性质》一课，把例1融入故事中：兔妈妈做的萝卜糕真好吃。一天兔妈妈做了三块完全相同的长方体形状的萝卜糕。她把第一块萝卜糕平均分成2块，分给长耳朵1块。短尾巴见了说："妈妈，我要2块。"兔妈妈把第二块萝卜糕平均分成4块，分给短尾巴2块。红眼睛更贪："我要3块。"兔妈妈把第三块萝卜糕平均分成6块，分给红眼睛3块。三只小兔高兴极了。同学们，兔妈妈分得公平吗？这样，在内容设计上突出趣味性，以生动的故事紧扣学生心弦，创设出轻松活泼的教学氛围，激起学生的探索欲望，保持创新兴趣，激发学生的创新意识。

二、提供自主探索机会，迸发创新火花

《义务教育数学课程标准（2022年版）》指出：教师应激发学生的学习积极性，向学生提供充分从事数学活动的机会，帮助他们在自主探索和合作交流的过程中真正理解和掌握基本的数学知识和技能、数学思想和方法，获得广泛的数学活动经验。因此，必须切实转变传统教学中学生对知识的"接受型"为"自主探索型"，设计探索性和开放性的问题，为学生提供自主探索的机会，真正解放孩子的嘴巴、大脑和手脚，让孩子真正掌握学习的主动权和探索权，对新知识进行独立思考，自动加工，把学习过程变成学生自主探索的过程、变成创新意识得到培养的过程。

（一）提供合作机会，培养创新意识

林格伦曾指出："教育，像其他的社会过程一样，它的成功依靠交往。教学实践证明，合作学习能有效地扩大参与面，提高参与度，在合作中往往会迸发出创新的火花。要培养学生的创新意识，就应该尽可能给学生多提供合作学习的机会，体现生生互动、师生互动，教师成为学习过程中的合作者。如分组讨论，分组竞赛、分组操作、分组游戏、分组实验、分组调查等，充分发挥集体学习效应，使学生在合作学习中相互交流，取合作者的新想法、新思路补己之短，实现互帮互学，增强创新意识。

（二）提供竞争机会，培养创新意识

"竞争"是激发学生创新意识的动因，能振奋思维主体，刺激信息的交流与反馈。小学生具有好胜心强的特点，有强烈的自尊心和荣誉感。于是，把竞争引入数学课堂，开展学生与学生之间、组与组之间的竞争，如把竞争融入数学活动中，开展《海底夺宝》《争多智慧星》《小小智多星》《争当数学小博

士》等数学活动课。在教学活动中多使用激励性的语言，如：比一比看谁算得快、谁的解法多、谁的方法最具有创造性等，既调动学生学习的积极性，又激活思维，创新的火花更易被擦亮。例如，教学《圆的面积》时，让各小组之间互相竞争思考下列问题：怎样推导圆的面积公式？有几种不同的方法？看谁的方法多、方法妙？这样让学生在竞争中从多角度思考问题，在圆面积公式的产生过程中实行再创造，既实现对知识的自主探索，又培养了思维的灵活性。

（三）提供操作机会，培养创新意识

皮亚杰提出："思维是从动作开始的，切断动作和思维之间的联系，思维就得不到发展。"创新是思维的核心。创新意识的培养，关键在于操作。在教学实践中，我们要坚持为学生提供尽可能多的操作机会，把学习的主动权交给学生，让每位学生在操作中自主地、自由地去探索，去发现知识、创造新知识。如教学《圆的面积》时，学生通过动手操作推导圆的面积公式，先把圆等分成16份，再拼成另一种图形，学生在操作中兴趣盎然、思维活跃、大胆创新，竟拼出了近似长方形、平行四边形、三角形和梯形四种图形，并得出了四种推导圆的面积公式的方法。整个操作过程成了学生的再发现和再创造的过程，创新意识尽显其中。

（四）提供充足时空，培养创新意识

《义务教育数学课程标准（2022年版）》指出：面对实际问题时，能主动尝试从数学的角度运用所学的知识和方法寻求解决问题的策略；面对新的数学知识时，能主动地寻找实际背景，并探求其应用价值。充足的时间和空间是实现自主探索的关键。教师应为学生的自主探索提供尽可能多的时间和空间。避免合作学习走过场、动手操作讲形式等现象的发生。使学生有时间尝试与操作；有时间交流与合作；有时间质疑与解疑；有时间讨论和辩论等。

1. 合理分配时间，开展课内探索活动

苏格拉底曾说过：教育不是灌输，而是点燃火焰。为了点燃火焰，就必须突出学生的自主探索。众所周知，课堂时间是四十分钟，一分一秒都是那么宝贵。况且课堂中会出现很多意想不到的情况，如何在有限的时间内开展课内探索活动呢？教师应做好充分的课前准备，如教具学具的准备、课件的制作、教学程序的设计（包括每个教学环节所需的时间的估计，课堂上有可能出现的情况的预设以及相应的对策）等，从而合理安排课堂四十分钟，切实优化课堂教学，保证学生有足够的时间进行探索。教师在课前要注意检查学生的准备情况，如学具的准备、资料的收集等，以保证课内探索的顺利，从而提高探索效率。在开展课内探索活动的过程中要避免为了完成教学任务而以计算机来代替学生的动手操作和探索。要坚持凡是学生个体可以独立探索的知识不以计算机演示来代替；凡是可以让学生通过动手操作而探索到的新知识不以课件演示来代替；凡是学生能通过学生间的交流与合作而探索到的知识不用计算机来代替，使学生真正亲历知识的产生过程，在探索中体验、感悟、内化和升华。多媒体只是作为教学辅助手段。如教学《圆的周长》时，要做好充分的课前准备，合理分配教学各环节时间，做到既保证学生有比较充分的时间进行实验，又保证课时任务的顺利完成。课前检查学生的学具（如圆若干个、尺子和绳子等）的准备情况，在课中以小组为单位做实验，测量圆的周长和直径，从而发现圆的周长与直径的关系。在学生交流实验结果的基础上，教师利用课件动画演示：蓝猫、菲菲和淘气正在玩呼啦圈（三个呼啦圈的颜色和大小都不一样），鸡大婶提出问题：每个呼啦圈的周长和直径的比值相等吗？蓝猫、淘气和菲菲各抒己见，最后用实验来证明：先量呼啦圈的直径，再用直径的长度去量周长，得到呼啦圈的周长总是直径长度的3倍多一些……这样在学生动手实验以及交流合作的基础上亲历知识的产生过程。突出学生的自主探索的同时利用动画演示进一步突破难点、突出重点，使数学知识更形象生动，学生们学得更兴趣盎然，印象深刻。

2. 利用课余时间，开展课外探索活动

探索活动都要在课堂上完成是不现实的，也是不科学的。有些探索活动需要的时间比较长一些，适合利用课余时间来完成。如调查本地今年三月下旬的日平均气温，并制成统计表和条形统计图；又如教学《圆的认识》时，开展了《为什么人类离不开"圆"？》的探索活动，需要探索的问题有：圆的历史是怎样的？你发现生活中哪些物体的面是圆形的？什么物体的面一定是圆形的？为什么？什么物体的面不可以是圆形的？为什么？如果没有圆，会怎么样？学生为了解决这些问题，可以利用网络、图书查找资料；向家长和叔叔、阿姨请教。还要以组为单位交流、讨论和整理收集到的资料。利用Word编辑文档、用Powerpoint制作多媒体演示文稿。显然，这些探索活动无法用课堂四十分钟来完成，必须利用课余时间才能完成。这样，有效利用课余时间，引导学生自主探索，使孩子们的视野得到拓展，知识面得到拓宽，探索能力、合作意识、团结协作能力、自主学习能力、实践能力和创新能力都得到了提高。

总之，教师应不断地学习《义务教育新课程标准（2022年版）》，进一步更新教学理念，在课堂教学中充分发挥学生学习的主观能动性，突出学生的自主探索，使学生乐于探索，勇于尝试，培养学生的创新意识。

第三节 好玩的数学课是需要
开发和利用"资源"的

好玩的数学课是需要开发和利用"资源"的，学生学习的资源越丰富，他们的学习热情会越高。不过，这些学习资源是需要教师去开发的，学生的身边就有许多学习资源，教师既要引导学生去发现、去收集，也要选择学生的成果作为教学资源，来支撑课堂，力求使抽象的数学知识变得易于理解，能被"研"懂，觉得亲近，进而喜爱，这是我进行《小学数学教学资源的开发与利用》的课题实验研究的重点之一。下面以《圆锥的认识》一课为例谈谈我的一些做法。

一、课始游戏兴趣生，学生就是小主人

课开始以简单的"摸物游戏"引入，引发学生的好奇心，给予人人参与的机会，成为撬动"沉默是金"的支点，使更多的学生能够接过教师交到他们手中的"主动权"。

教师手拿一个装着一些立体图形的不透明袋子，露出圆形的底面并问：猜一猜这是什么立体图形？

学生1：圆柱。

学生2：圆锥。

教师：理由是什么？

生1：因为圆柱的底面是圆形，所以我猜是圆柱。

生2：圆锥的底面也是圆形，所以我猜是圆锥。

生3：因为圆柱的底面是圆形的，圆锥的底面也是圆形的，所以有可能是圆

柱，也有可能是圆锥。

　　教师：那再露出它的另一部分（边说边藏起圆形的部分后露出尖尖的部分）。

　　学生声音特别响亮，笑着说：圆锥。

　　教师：这节课我们就来学习圆锥的认识（板书课题：圆锥的认识）。

　　学生是课堂上的主角，他们对所学的知识是否感兴趣、是否产生学习的内驱力直接影响对新知识的探究效果如何。课始以游戏引入就是个好办法。

二、师生同把资源找，学生也是开发者

　　学生也是教学资源的开发者，他们的身边有着非常丰富的数学信息，他们最了解自己在运用数学知识解决生活中的实际问题的时候所遇到的困难，他们最了解自己需要什么、缺少什么，他们知道自己在日常生活当中遇到了什么数学问题，捕捉到了什么数学信息……他们在报纸杂志上、图书、电视上、网络中、日常生活中、做游戏、参加体育运动、其他科目中……会遇到许多的数学问题，发现许多的数学信息。这些就是很有用的教学资源。课本上关于圆锥的认识部分的知识是比较少的，我充分引导学生开发他们的生活资源，使数学课堂教学资源更好、更充实、更适用，使课堂更"活"。在上课前设计了如下问题，让学生进行试学导航：

　　（1）生活中哪些物体是圆锥形的？（举例）

　　（2）圆锥有什么特征？①圆锥的底面是（　　　　），圆锥的侧面是（　　　）；②把圆锥的侧面展开，得到一个（　　　）；③（　　　）叫作圆锥的高，用字母（　　　）表示，圆锥有（　　　）条高，有（　　　）个顶点；④沿着直径把圆锥垂直剖开，纵剖面是（　　　）形。

　　（3）怎样测量圆锥的高？请测量出你手里的圆锥的高。

　　在问题的引领下，学生们行动起来了，有的动手做起圆锥：用纸糊的、用胡萝卜白萝卜削成的、用橡皮泥做的……有的仔细寻找生活中的圆锥，有的上网查阅资料，有的向家长请教，有的看书……在这个过程中，学生们发现了越来越多的数学问题，也解决了越来越多的数学问题，这些正是非常有用的教学资源，学生正是这些教学资源的开发者，他们在收集和整理数学信息的过程中深刻地体验到生活当中处处有数学，数学源于生活，用于生活。他们收集的数学信息使相对抽象的数学知识变得生动有趣，被他们自己所喜爱。

三、生活资源巧利用，学生就是小主人

教师在课堂上不仅是引导者与组织者，而且还是学生探究新知之路的同行者。要善于把学生收集到的数学信息作为教学资源，为学生提供有效的合作学习活动，让学生有机会和同伴交流收集到的学习资源，展示自己的"劳动成果"。因此，设计了交流"试学导航"这一环节，在课堂上孩子们展开了热烈的讨论，有的手拿用纸制作的圆锥，一边比画一边介绍自己制作圆锥的过程和发现；有的手拿用胡萝卜削成的圆锥，介绍它的特征；有的拿着圆锥形的铅锤，用手边摸边说……

讨论结束后，上演了一场以孩子为主角的"圆锥发布会"：

生1：圆锥形的物体有铅锤、雪糕筒、一些房子的屋顶。

生2：我妈妈的耳环是圆锥形的。

生3：拿一个三角形硬纸，贴在木棒上，这样快速转动（学生边说边示范），可以转出一个圆锥形。

生4：我搜集了一些圆锥形物体的图片（利用实物投影仪投影搜集到的图片）。

……

教师：同学们真厉害，发现了这么多的圆锥（见图5-3-1），我们选其中的几个物体画在图上。现在我们沿着这些圆锥形物体的轮廓画线（课件演示得到圆锥形物体的轮廓线，即圆锥的几何图形），就可以得到圆锥体的几何图形。

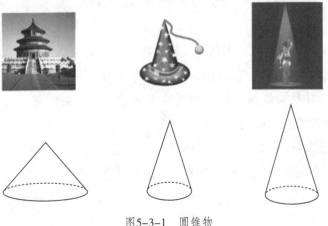

图5-3-1 圆锥物

教师：圆锥有什么特征呢？

生1：我发现圆锥的底面是圆形，它的侧面是一个曲面。

生2：圆锥的侧面展开是个三角形。

生3：我不同意他的意见。我在制作圆锥的时候发现圆锥的侧面展开是一个扇形。

生4：我在拆圆锥的时候发现圆锥的侧面展开是一个扇形。

生5：从顶点到底面圆心的距离叫作圆锥的高，圆锥有一条高，我想是因为底面圆心只有一个，顶点也只有一个的原因。

生6：大家看，我手里有个用胡萝卜削成的圆锥，我想沿着圆柱的底面直径垂直剖开，剖面是个长方形或者正方形，那么沿着圆锥的底面直径垂直剖开会得到什么图形呢？（孩子切胡萝卜）三角形，而且是等腰三角形。（教室里响起了热烈的掌声）

生7：我还发现圆锥的高把剖面也就是那个等腰三角形分成两个完全相同的直角三角形。（教室里又响起了掌声）

生8：我不明白等腰三角形怎么变成两个直角三角形了？

生7：我想借那个胡萝卜圆锥用用，谢谢……（来到实物投影仪前，展示剖面后，用书沿着高把一个三角形遮住了，露出了另一个直角三角形）

生9：或者沿着高垂直切开，分成两个三角形，再比较也可以。

生8：我明白了，谢谢。

……

生10：我来汇报第三个问题：怎样测量圆锥的高？

只见这位学生一边演示一边说：①先把圆锥的底面放平；②用一块平板水平地放在圆锥的顶点上面；注意圆锥的底面和平板都要水平地放置；③竖直地量出平板和底面之间的距离。读数时一定要读平板下沿与直尺交会处的数值。方法和我一样并且又测量出圆锥的高的同学请举手，有问题要提的请举手。（教师投影测量圆锥的高的方法）

生11：我这个是纸圆锥，拿掉底面，弄扁了，成了一个等腰三角形，再对折，量出折痕的长度就是圆锥的高了。（他边说边演示）

生12：方法是可以，但你把圆锥弄坏了啊，而且不是每个圆锥都可以用这种方法的啊。

生13：我不同意你们俩的看法，弄扁了后是个扇形而不是三角形，你量出来的不是圆锥的高，而是母线的长度。这是我老爸教我的。

生14：什么叫做母线？

生13手拿圆锥讲解起来，就像一名小老师，其他学生听得可认真了。

教师：刚才听了同学们的发言，老师为有你们这样的学生而倍感自豪和骄傲，你们就像一名名小小的数学家，你们是好样的！继续加油！请看看课本，总结我们这节课学习了什么知识，有没有什么疑问。

学生边看书边画着、写着，教师巡视指导。学生看完书后请个别学生总结，教师适时投影本节课的重点内容。

在这场"圆锥发布会上"，孩子们畅谈自己的发现，积极提出疑问，争着为同学解决问题，踊跃发表看法……他们自信、聪明、兴致勃勃！对于他们来说，发言、倾听、辩论、思考、探索……是一件非常愉悦的事情，他们敢说，没有丝毫的惧错心理；他们敢提问、善思考。他们学得那么的开心而积极！他们是课堂上真正的主人！他们在课堂上欣喜地展示自己收集的资料，畅谈自己的发现，解决同学的疑惑，数学变得和他们是那么的亲近。这样的一个过程就是一个引导学生开发生活资源，充分利用学生收集到的数学信息的过程。在这个过程中，学生学到的不仅仅是知识，更重要的是探究知识的方法，如果把学生们比喻成渔翁，那么他们得到的不仅仅是"鱼"，更重要的是得到了"渔"。这一切不正是"挖掘生活资源 充实课堂内容 突出以生为本"课堂的魅力所在吗？

（此文曾发表于《到教育前沿认识教育（下）》）

第四节 好玩的数学课是凸显学用相融的

《义务教育课程标准（2012年版）》指出：综合与实践是小学数学学习的重要领域。学生将在实际情境和真实问题中，运用数学和其他学科的知识与方法，经历发现问题、提出问题、分析问题、解决问题的过程，感悟数学知识之间、数学与其他学科知识之间、数学与科学技术和社会生活之间的联系，积累活动经验，感悟思想方法，形成和发展模型意识、创新意识，提高解决实际问题的能力，形成和发展核心素养。

北师大版小学数学教师教学用书明确指出：北师版教材是顺应孩子天性的一套教科书。好奇、好探究、好分享既可以看成是孩子的天性，也可以看成人们探究未知世界的过程。在教学中，要保护孩子的天性，根据学生的天性，突出小学数学"综合与实践"课的问题性、活动性、综合性等特点，凸显学用相融。

一、善用好奇心，以"问题性"突出"以用促学"

爱因斯坦曾经说过："提出一个问题往往比解决一个问题更重要。因为解决问题也许仅是一个数学上或实验上的技能而已，而提出新的问题，却需要有创造性的想象力，而且标志着科学的真正进步。"学生的好奇心强，他们自己发现和提出问题是创新的基础。因而，突出问题性变得非常的重要。如何突出问题性呢？关键是引导学生从现实生活、从具体情境中抽象出数学问题。

（一）从现实生活中抽象出数学问题

教师要善于挖掘生活资源，引导学生去观察、感悟和思考，从数学的角度去看、去想，继而提出数学问题。如从校园里、家里发现坏了的水龙头在滴水，由此引发的问题可以有很多：水龙头为什么会坏了？怎样才能把它修好？什么牌子的水龙头好？一分钟大约要浪费多少水？一天大约要浪费多少水？……第一个问题和使用的频率及水龙头的质量等有关；第二个问题涉及修理问题；第三个问题学生可以就此展开调查，低年级学生可以拍照片，可以把自己的调查发现告诉家长、同学，高年级学生可以写数学小调查、小论文；第四个问题其实是北师大版教材四年级上册"综合与实践"方面的内容。与其直接把书本的问题呈现给学生，不如引导学生在生活中发现数学问题、抽象出数学问题，因为这样的问题更贴近学生的生活，更具有吸引力，更能满足学生的好奇心。学生也因此感悟到数学在生活中的价值，数学来源于生活的同时又服务于生活。

（二）从具体情境抽象出数学问题

1. 从教科书的情境图中抽象出数学问题

北师大版小学数学教科书按"情境+问题串"的基本叙述方式展开，将思考、分享与提升体现其中。为此，教师要充分利用主题图，引导学生学会看图，从主题图中找出数学信息，并且提出数学问题，从而引发学生的好奇心，激发学生的学习兴趣。甚至还可以引导学生根据主题图创编故事，注意把数学信息和问题融入故事中。通过创编故事，激发兴趣，使学生在编数学小故事的过程中进一步理解题意，发现问题和提出问题，此环节的重点不在于学生的故事编得怎么样，关键在于他要编故事就需要仔细地看图，发现数学信息，提出数学问题就可以了，同时也体现了数学与语文学科的整合。

2. 从模拟的生活情境中抽象出数学问题

好玩是孩子的天性。根据教学内容适当模拟生活情境，学生置身于模拟的生活情境中，更能促动好奇心，他们的大脑会转得更快，更能擦出"问题"火花。如教学二年级下册"综合与实践"中的《分类》时，就利用多媒体模拟了一个生活情境：小小的妈妈正在做一幅扣子图，旁边的针线筐里放了一堆分好的扣子，小花猫"喵喵"地窜来，不小心把针线筐打翻了，扣子撒了一地……由此引导学生抽象出数学问题。孩子们提出了很多问题："小花猫真调皮，扣子乱了，怎么办呢？""怎样分类？""按什么标准分类？"……

这样以多媒体信息技术模拟生活情境，让孩子们置身其中，乐在其中，从数学的角度发现问题和提出问题，并感悟数学可以用于解决生活中的某些问题，从而引发学习内需，提高学习积极性。

二、针对好玩心，以"活动性"促进"学用合一"

好玩都是孩子的天性。顺应这一天性，创设活动机会，把"小学数学综合与实践"内容融入活动中，让学生在活动中经历学习的过程，在活动中生成和积累自己的经验，达到"学用合一"的目的。

《义务教育课程标准（2011年版）》指出："综合与实践"的教学活动应当保证至少一次，……提倡把这种教学形式体现在日常教学活动中。因此，教师要为学生搭建活动的平台，既有上课的活动，又有课外的活动；既有短时间可以完成的活动，也有比较长的时间才可以完成的活动。如学习了长方体和正方体的表面积和体积计算方法以后，教师可以设计时间较长的实践活动：包装盒的数学奥秘发现之旅。分成几个步骤：一是收集空包装纸盒；二是用空包装纸盒，分别计算出它们的表面积和体积；三是拆空包装纸盒，观察裁剪及黏结方法，看由几个面组成；四是有盖纸盒与无盖纸盒体积大比拼，同桌分别做一个长、宽、高相等的纸盒，一个是有盖的，一个是无盖的，然后计算出体积，再比较体积的大小；五是设计包装盒，学生自主选择家中的物品，自己做一个包装盒；六是把"包装盒的数学奥秘"的发现之旅写成数学周记或数学小论文。学生在这个活动过程中，经历了收集包装盒、计算包装盒的表面积和体积、拆包装盒、做包装盒的过程，其实就是经历了观察、实验、探究等一系列活动的过程。在这个过程中，进一步了解了长方体和正方体的特征，进一步掌握了长方体和正方体表面积和体积的计算。

值得注意的是，我们要特别关注活动的整个过程，引导每个孩子参与到活动中来，在活动中学会独立思考、与人合作、想办法克服困难、大胆质疑等，从而使每位学生都有收获，使创新意识、实践能力和应用意识得到培养，促进"学用合一"。

三、呵护探索心，以"综合性"凸显"学以致用"

在"综合与实践"中，综合是不容忽视的一个主要方面。这里的综合是指数学内部各分支之间的综合（如几何和代数的综合），数学与其他学科之间的综合，数学与学生生活实际的综合。学生通过数学学习得到综合的发展。而好探究是学生的天性之一，我们要呵护这种天性，创造机会让学生学以致用，让学生深刻体会我所学的知识是很有用的，能够用我所学的知识去解决很多的数学问题，应该学习更多的知识才能解决更多的数学问题。因此，教师要提供机会，让学生综合应用所学的知识，去探索与生活密切相关的、具有探究性的数学问题，去体验数学的作用。

如上面提到的"包装盒的数学奥秘发现之旅"，是在发现包装盒数学奥秘的过程中体验数学与生活的紧密联系，综合运用所学到的数学知识解决生活中的实际问题。在这个活动中，学生可以综合运用很多知识、技能和方法去探索。有长方体、正方体的特征，长方体和正方体表面积和体积的计算方法；在计算中要用到四则混合运算的知识，在测量中要用到测量的知识；在做包装盒时要选用材料和工具、估计材料的多少，进行裁剪、粘连等；在写数学周记或小论文时要用到语文学科的知识；在这个活动中还要学会分工合作、制订方案；在汇报时还要注意语言、表情和动作，学会与人分享自己的智慧，展示自己的成果；在遇到困难时用什么方法解决问题……通过活动，凸显"学以致用"，学生会逐渐积累综合运用数学知识、技能和方法等解决简单问题的数学活动经验。

顺应学生的天性而进行的教学，选择的应该是对学生有吸引力的内容，设计的应该是学生感兴趣的活动。这样，学生才会积极投身于"综合与实践"活动当中，用所学解决问题，在解决问题中学习和提高，达到学用互融。

（此文曾发表于《师道》教研版）

第五节　好玩的数学课是善待"错题"的

错题的产生是数学学习中一件非常正常的事情，就像人会生病一样，即使你再怎么注意身体，也是会生病的。虽然，错题往往伴随遗憾、无奈、忧虑……的发生，但是，如果我们换一种心态去面对，以关爱代替责备，善待"错题"，把错题变成非常有用的学习资源，引导学生改正错题，提高解题的正确率，那么，数学才会好玩的。

一、正视错题，以爱心为皮

正视学生所出现的错题，以一个好的心态去对待学生所出现的错误，了解和分析错因，以帮助代替责备，以关爱温暖学生的心，让学生更喜欢自己的老师，从而主动克服困难，改正错题，逐渐提高解题的正确率。

（一）面对错题，多一分理解与宽容

"错题"几乎每天都与我们相伴。人生路上有风雨，探索数学知识之路也不例外，出现错题，那是很正常的。因此，我们面对错题，要多一分理解与宽容。实践证明，学生之间是有差异的。有的学生通过自己看书就能学会；有的学生只要积极参与课堂活动就会了；有的学生则要在此基础上加上老师的点拨；而有的学生光靠点拨不行，还得进行详细的讲解，甚至得讲两到三遍，甚至更多遍才能理解……错题对于学生来说就是一道道的"数学坎"，如果不及时排除，经过多年的累积，坎就会越来越多，学习数学就会越来越困难，严重的会失去学习数学的兴趣和信心。看到和想到了这些，当你面对错题的时候，就多了一份理解和宽容；当你面对做错题目的学生的时候才会心平气和，甚至可以微笑着面对学生，从而消除学生的惧错心理，让学生喜欢你和喜欢你所任教学科。因为这样的微笑，让学生觉得老师是那么的可亲可敬，深深感受到：

老师真好！虽然我学得那么不好，但老师还是那么喜欢我，信任我，帮助我，我一定不能让老师失望。其实，即使你天天板着脸，总是批评他们的不对，也不一定能转化他们呀？还不如换一种态度，换一个心态，换一种心情，正视错题，尽己所能，找出对策，帮助他们。

如2009年9月小范转到了我所教的班，第一次做的作业是：3.8+25=（　　　　），83−2.6=（　　　　），25+75×2=（　　　　），28÷（14÷7）=（　　　　）。

她的答案是：3.8+25=63　83−2.6=67　25+75×2=200　28÷（14÷7）=10哇！错误率竟然是100%！看来这是一位学习数学有困难的孩子，我得帮助她。下课了，我来到她身边："你愿意陪老师聊聊天吗？"她羞涩地点了点头，我牵着她的小手走着，边说："老师觉得你的字写得很漂亮，真喜欢看这么美观的作业。"来到办公室，我既不提她的错题，也没有直接评讲错题，而是另外出了几道相似的题目，慢慢地给她讲解，直到她理解后才出示作业题让她重新做一遍。这一次，她做对了三道题，当看到三个红勾勾的时候，她的脸上露出了笑容。我微笑着对她说："范范，你做对了三道题，继续努力，你一定能行，老师和你一起聊天和学习很开心，希望你以后经常来找我，好吗？"……自始至终，教师都理解和包容学生所出现的错误，给予学生及时的帮助，用关爱代替责备甚至是批评，让师生给予彼此美好的印象。教师的理解与宽容，传递给小范一个重要的信息：老师觉得我有很多优点，很喜欢我。这样，学生有困难才敢找老师，才会喜欢上这位老师的课，学习兴趣才会更容易被激发。

（二）面对错题，多一份赏识与鼓励

面对错题，教师要多一份赏识与鼓励。教师的赏识与鼓励是让学生心释然的良方。心释然，才会敞开心扉，打开思维，重拾自信，解开疑惑。教师面对错题，多一份赏识与鼓励，才不会每天都纠结在他到底错了多少道题的苦恼里了：当你看到学生错了4道题的时候，你开心，因为他比昨天少错了1道题；当你看到他做的题目都错了，你也开心，因为你看到他完成作业了。懂得赏识，你就会变得心平气和，认真分析错误产生的原因，既从学生身上找原因，也从教师身上找原因，例如，错了那么多道题，是否这些作业的难度已经超出他们的能力范围了？还是他上课不够专心听？还是因为无法从旧知识迁移到新知识？……然后换一种方式来引导他们。懂得赏识，你辅导他的时候会更耐心细致，会给予他更多的鼓励；你会把知识难度降低一点，设计使他们"跳一跳"就可以完成的学习任务，让他们体验成功，一步步地走向前方。就如上面提到的小范，面对错误率达100%的题目，还是不忘赏识，找出她字写得好看这一优点，而且绕开错题，改为有针对性的辅导，帮助小范体验成功。懂得赏识和鼓励，使我发现了小范身上许许多多的优点：作图题是画得很漂亮的；能倾听他人的发言；面对不会做的题目也能按时完成；乐于助人；学习态度端正；心态好……她把争取数学考试及格作为自己的学习目标，有了老师的赏识、鼓励和帮助，小范屡败屡战、越挫越勇，用了一年半的时间终于以73分的分值超越了她自己定下的目标，她笑了，笑得那么甜，那么美。

二、利用错题，以技巧为馅

错题本身就是很好的教学资源。教师要讲究教学艺术，善于引导学生开发和利用这些错题资源，善用错题，变"错"为"宝"，帮助他们尽可能地降低错误率。

（一）分析错题，归根溯源

教师要对错题进行分析，找出和题目相关的知识点，看看这些相关的知识学生掌握了吗？是哪个知识点导致出现了错误？例如，小范出现了错题$1/2+1/3=2/5$，涉及的知识点有：异分母分数相加减，先通分；分数的基本性质；同分母分数相加减的计算方法；求最小公倍数；公倍数；倍数；分数的意义；分数加减法与整数加减法的区别……了解分析她哪个知识点的知识没有掌握好，这样找到产生错误的源头在哪里，从而有针对性地从错误的根源补起。设计如下辅导过程：

（1）直观操作：通过折纸理解1/2和1/3的意义；再把一张纸平均分成6份，分别画出它的1/2和1/3，说说共占这张纸的几分之几，从而直观地理解为什么分母不同要化异为同的原因；

（2）复习求最小公倍数、分数的基本性质等知识；

（3）设计针对性和层次性极强的练习，通过练习帮助学生疏通解题障碍。

① 计算：1/6+5/6　　1/24+5/24　　5/12+7/12

② 求下列各组数的最小公倍数：2和3　　6和8　　4和12

③ 通分　1/2和1/3　　1/6和3/8　　1/4和7/12

④ 计算：1/2+1/3　　1/6+3/8　　1/4+7/12

这样，通过分析错题，找准病因，对症下药，往往会收到较好的效果。道理很简单，一棵树有扎实的树根和根须，树干才会长得好，树枝才能长得好，树才能继续成长，直至枝繁叶茂。因此，我们要根据学生的错题，找出"根须"部分，紧紧地抓住"根"，从最基础的知识开始辅导，当他们达到"根水平"后，才到"干水平"，再到"叶水平"，有了这一切，"错题"自然迎刃而解。

（二）正误对比，明察秋毫

教师要对错题加以利用，可以选择一些比较典型的错题，再加上一些解答正确的题，这样由若干道错题和若干道正确的题组成一道判断题，让学生当当数学小医师，说说哪道题是对的，哪道题是错的，为什么，如：第1题：①1/2+1/3=2/5　②1/2+1/3=1/5　③ 1/2+1/3=2/6　④1/2+1/3=3/6+2/6=5/12 ⑤1/2+1/3=3/6+2/6=5/6

第2题：某工厂六月份生产机器600台，比五月份多生产1/5，五月份生产机器多少台？列式是：①600×（1+1/5）　②600×（1-1/5）　③600÷（1+1/5）④600÷（1-1/5）

这样同时呈现错题与正确的题，对比鲜明，便于学困生分清正误，减轻了知识的难度，通过说错因，听同学发言，更深入地理解知识，提高学困生的分析能力和判断能力。

（三）提前现错，明辨是非

教师还可以估计学生在解题过程中可能出现的错误，提前呈现出来，让学生进行小组交流，通过同伴的互助，教师的引导和点拨，弄清原因，从而降低错误的发生率。例如，在教学《圆的面积》时，估计学生会出现下列错误，于是提前呈现出来，让学生进行交流：一个圆的直径是3分米，它的面积是多少平方分米？下面的解答对吗？

$3.14 \times 3^2 = 3.14 \times 6 = 18.84$（平方分米）

通过交流学生们很快发现了错误。

生1：题目中的3分米是直径而不是半径，应该用3除以2求出半径，再用圆的面积公式求出圆的面积。

生2：我还发现了另一个错误3^2应该等于3乘3，而不是3乘2。

教学实践表明，提前呈现错题更有利于帮助学生突破教学难点。"已知圆的直径求圆的面积"这一类题目学生很容易产生的错误就是把直径当成了半径，而这样的设计就可以突破难点，让他们多一些体验成功的机会。

在教学中，我们关注师生的情感体验，注重过程与方法目标的实施。正视错题、巧用错题，让错题越变越少，学生越学越好。

第六节 好玩的数学课是以"器"利学的

《义务教育数学课程标准（2022年版）》指出：有效的教学活动是学生学和教师教的统一，学生是学习的主体，教师是学习的组织者、引导者与合作者。自主学习是很重要的学习方式。抓住促进学生自主学习的四个关键，以"器"利学，引导学生走向自主，"玩"好数学，使学生的主体性、主动性、独立性、创造性不断生成、发展，达到培养和提高学生的自主学习能力的目的。

一、以"试学导航"为导航仪，引导学生自主学习

众所周知，数学教学活动必须建立在学生的认知发展水平和已有的知识经验基础上。数学教学活动要以学生的发展为本，要把学生的个人知识、直接经验和现实世界作为数学教学的重要资源。因此，教师针对教材的特点和学生的实际情况设计"课前研究"，以课前研究为指引，渗透自主学习的内容、问题和方法，引导学生有目的有针对性地自学，主动尝试提出问题和解决问题，实现未教先学，引导学生自主学习。如教学北师大版五年级下册《体积与容积》时，设计的"试学导航"如下：

1. 说一说

（1）生活中哪些物体比较大？哪些物体比较小？例如，（飞机）大，（汽车）小；（水桶）大，（杯子）小；（　　　）大，（　　　）小；（　　　）大，（　　　）小；……

（2）如果用眼睛很难判断大小的物体，该怎么办？

2. 比一比

找两个用眼睛很难判断大小的物体（如土豆、红薯、杧果、小石头等），

想办法比较它们的大小，并填写实验报告一（见表5-6-1）。

表5-6-1　实验报告一

实验对象	（　　　）和（　　　）
实验目的	这两个物体哪个比较大
我的方法	
我的发现	

3. 想一想

（　　　　　　　）叫作物体的体积。

4. 找一找

（1）生活中可以放东西的物体有（　　　　　　　）。

（2）哪些容器放东西多？哪些容器放东西少？（　　　）放东西多，
（　　　）放东西少；（　　　）放东西多，（　　　）放东西少。

（3）如果用眼睛很难判断哪个容器装的东西多的时候，该怎么办？

5. 做一做

找两个杯子，比较两个杯子哪一个装水多，请你设计一个实验解决这个问
题，并填写实验报告二（见表5-6-2）。

表5-6-2　实验报告二

实验对象	（　　　）和（　　　）
实验目的	哪一个杯子装水多
我的方法	
我的发现	

6. 填一填

（　　　　　　　）叫作容器的容积。

这样呈现给学生指引性很强、很细的"试学导航"，其实就是一道道引
导学生自主学习的学习提纲，就如导航仪，引导学生一步步地走在新知识的产
生之路上，独立自主地进行尝试，在尝试中成长，在尝试中既有收获，也有疑
问，成功的体验与好奇心催生学生的创造欲望。在这一环节中，学生既可以上
网查阅资料，又可以通过看书解决问题，还可以和父母、朋友交流等多渠道进
行学习，体验数学与生活的紧密联系，促进了学生个体的发展。

以"试学导航"为导航仪，把整节课的重点、难点和关键都蕴含在课前研究中，适合小学生的年龄特点和知识水平，有效地帮助他们自学，提高自学效率，为后续培养他们脱离自学提纲而进行自学打下坚实的基础。

二、以"疑趣资源"为驱动器，激起自主学习热情

俄国大教育家乌申斯基曾指出：没有丝毫兴趣的强制性学习，将会扼杀学生探求真理的欲望。因此，作为教师要多挖掘趣味性资源，无论是看报纸杂志还是看电视，都要注意看看有没有什么资源适合用于教学，只要是适合的，就拿来加以改造，把枯燥的数学知识变为学生感兴趣的学习对象。如把数学问题寓于童话、笑话、故事、游戏、儿歌、竞赛……之中，让疑趣并存，营造轻松活泼的学习氛围，以疑问和兴趣驱动学生学习，使学生高高兴兴地遨游在数学王国，燃起浓烈的自主学习热情，开启拓宽视野之窗。如教学《体积与容积》一课，课开始以"让我们一起走进数学乐园参加夺星大赛和观看动画片《乌鸦喝水》"引入，要求学生边看边思考：乌鸦想了个什么办法喝到瓶子里的水？

看完请学生回答后，教师问：为什么把石头丢进瓶子里，瓶子里的水就升高了呢？这节课我们一起来学习：体积与容积（板书课题）。

这样，在内容设计上突出趣味性，把数学问题"为什么把石头丢进瓶子里，瓶子里的水就升高了呢？"融入动画片中，激起学生的学习兴趣和疑问，引发好奇心，打开学生的"话匣子"，激起学生的探究欲望，使学生主动投入学习之中。

三、以"交流探索"为加速器，培养自主学习能力

《义务教育数学课程标准（2022年版）》指出："认真听讲、独立思考、动手实践、自主探索、合作交流等是学习数学的重要方式。"教师要想方设法让探索自主有效，放飞学生的创新翅膀，让学生尽可能自主地去悟、去学，使课堂成为学生探索新知的梦工厂和成果发布会。

（一）探索新知的梦工厂

学生是课堂上的主角，教师提供机会让学生发表自己的看法，真正解放孩子的嘴巴、大脑和手脚，给学生的自主探索留下足够的时间和空间，让课堂成为学生研究的梦工厂。如教学《体积与容积》一课，课本上关于体积与容积部

分的内容不多，于是我充分引导学生开发他们的生活资源，使数学课堂教学资源更好、更充实、更适用，使课堂更"活"。学生带来了很多学具，有杯子、土豆、小石子……我改变了以往由老师做演示实验，边演示边提问的教学方法，代之以学生的自主操作为主，连实验的用具也由学生选取，他们不再被动地用老师提供的学习材料了，也能用自己收集的材料进行学习。他们边讲边做实验，利用学具畅谈自己的方法和发现，成为学习资源的开发者与利用者。他们以小组为单位交流"试学导航"，畅谈自己的收获或疑问：有的学生边说方法边做实验；有的学生忙着记录；有的学生提出不同的看法，努力地说明自己是对的；有的学生忙着把自己在课前还没有解决的问题拿出来向同学请教，有的学生在观点遭到学生反驳后正静静地思考着……课堂成为学生自主探索的梦工厂。

（二）成果发布会

在课堂上，教师讲得少、学生讲得多，教师做得少、学生做得多。实验是学生做的，教师只是在学生需要帮忙的时候帮帮忙；结论是学生探索出来的，教师只是把把关。教师把学习的主动权真正地交给学生，放手让学生自己去发现和解决问题。数学课堂不仅是学生展示才华的舞台，而且是学生探索成果的发布会。在教学《体积与容积》一课中，当学生讨论后，以小组为单位展示自己的学习资源，与同学分享自己的研究成果，只见一双双手刷刷地举起来，都争着要和同学分享自己的探究成果。在汇报"比一比"这个问题的时候，一小组的四位同学拿着瓶子、一块鹅卵石、一块小石块、尺子……走上了讲台：

生1说："经过实验得出，我手中的小石块的体积比鹅卵石的体积小，我们的实验是这样的。"（其他三位学生相互配合做实验）

生2继续说："在两个宽口的瓶子里倒上一样多的水，为了便于观察，加上一点红墨水，再把小石块和鹅卵石分别放进两个瓶子里。"

生3接过话："放鹅卵石的那个瓶子水面升得高点，所以它的体积比较大。"说着用尺子比画了一下。

生4把两瓶水放在一起比较。

孩子们报以热烈的掌声。这样，每个问题都由学生去说、去展示……说后由其他小组的学生去评价、去纠正……他们尽情地分享成果、交流收获，体验成功，课堂成为学生的成果发布会，他们的自主学习能力、合作学习能力、创新意识等都得到了培养。

四、以"应用拓展"为推进器，提高自主学习能力

学生通过重走知识产生之路探索的新知识必须得到及时的巩固和拓展，才能使新知识纳入学生原有的知识结构当中，成为学生自己的。只有融入学生原有的知识结构当中，才能灵活运用。这就需要精心设计练习，既有巩固性练习，又有联系生活实际的应用性练习，还有与后继学习联系紧密的拓展性练习，更有由课内向课外的延伸性练习，就像推进器，一步一步地引着学生向前推进，不断提高自主学习能力。

（一）突出"应用"的多样性，引导自主练

1. 突出形式的多样性

所设计的练习有判断题、填空题、选择题、看图题、动手操作题等，勤于变换练习的呈现形式，增加趣味性，满足学生的新鲜感，引导学生不断探索，激发学生练习的主动性和积极性，提高学生的自主学习能力。

2. 突出功能的多样性

练习的设计力求有针对性、趣味性、层次性和实践性。由浅入深，层层递进。基础题使学困生能完成得了，攻坚题又能满足中层生的练习要求，还能让优秀生练得好。生活味道浓郁的练习，能使相对抽象的数学知识变得生动有趣，被学生所喜爱，从而更积极主动地投入学习当中去；生活味道浓郁的练习，使学生深刻地体验到生活当中处处有数学，数学源于生活，用于生活，这种应用的价值魅力成为学生主动学习的推进器，使学生在应用知识的过程中不断提高自主学习能力。例如，在教学《体积与容积》时，为了及时巩固所学的知识，引导学生应用所学的知识解决数学问题，提高自主学习能力，因此设计了具有上述特点的练习。

基础题：

（1）辨一辨

①汽车上的油箱，油箱里装满汽油，汽油的体积就是油箱的容积。　　（　　）

②一块长方体的砖（实心的），它的体积就是它的容积。　　（　　）

③冰箱的容积就是冰箱的体积。　　（　　）

④游泳池注入半池水，水的体积就是游泳池的容积。　　（　　）

（2）选一选

① 运动员领奖台所占空间的大小，就是这个领奖台的（　　　）。

A．体积　B．容积

② 往一个杯子里倒满饮料，（　　　）的体积就是（　　　）的容积。

A．杯子　B．饮料

③ 一个长方体的玻璃缸，它的容积（　　　）它的体积。

A．大于　B．小于　C．等于

④ 油桶的体积是指它（　　　），容积是指它（　　　）油的体积。

A．所能容纳　B．所占空间的大小

攻坚题：

（1）想一想

商店把同样的盒装饼干摆成三堆（图略）。这三堆饼干的体积相等吗？为什么？

（2）试一试

谁搭的长方体体积大？你有什么办法知道？怎样计算小正方体的个数？

（3）玩一玩

问：用一团橡皮泥，第一次把它捏成长方体，第二次把它捏成球，捏成的物体哪一个体积大？先猜想，为什么？如果捏成任意形状的物体，体积有没有变化？生活中还有这样的现象吗？

（二）突出"延伸"的灵活性，促进自主练

拓展延伸要注意灵活性，让学生带着问题走出课堂，走进生活，继续发现和解决身边的数学问题，从而使视野得到拓展，知识面得到拓宽，才有利于学生的可持续发展，促进学生独立地、创造性地解决问题，从而提高他们的自主学习能力。如在教学《体积与容积》时，就设计了如下"拓展延伸题"：

第1题为必选题，（2）～（4）题可以任选一题，也可以完成（2）题或者（3）题

（1）用12个大小相同的小正方体，分别按下面的要求搭，搭好后数一数它的体积由几个小正方体搭成。①搭出两个物体，使它们的体积相等；②搭其中一个物体的体积是另一个的2倍。

（2）调查你家的鞋盒、抽屉、微波炉的容积。你是怎样获得的？

（3）在《曹冲称象》的故事里，大象的质量和石头的质量有什么关系？大象的体积和石头的体积相等吗？请说说你的看法。

（4）我们教室的体积和容积到底是多少呢？

以上四道拓展延伸题，既有必选题，又有自由选择的题目；既与所学新知识联系紧密，又与学生的生活实践紧密地结合起来，突出"延伸"的灵活性，就像推进器，引导学生进一步探索数学知识，创造性地应用数学知识，提高学生的自主学习能力。

课堂中有了导航仪、驱动器、加速器和推进器，静态的数学知识变成学生动态的探索过程，变成灵动的数学精灵。数学学习变成一件有趣的事情，学生在做这样一件有趣的事情的过程中进一步走向自主，进一步探索，越探索越有趣，越探索越好玩。

第六章

在"玩"数学中培养学生的核心素养

　　因为热爱，所以执着；因为执着，所以坚持。数学是思维的体操，在做"思维体操"的过程中，不是每一个人都觉得很有趣的，也不是所有的人都与生俱来地热爱它。作为一名数学老师，就要领着孩子们"玩"数学，想方设法让学生在学习数学的时候有"玩"的感觉，使数学对于学生来讲越来越可亲可近，在"玩"数学中润物细无声般地培养小学生核心素养。

第一节　来自数学课程标准的解释

核心素养已经从陌生逐渐变得熟悉，已经从遥远逐渐变得亲近。很多专家学者和老师进行了深入的研究。

北师大组成的专家团队是这样定义核心素养的，是指学生应具备的、能够适应终身发展和社会发展需要的必备品格和关键能力。

《义务教育数学课程标准（2022年版）》指出：要培养的学生核心素养，主要包括以下三个方面。

（1）会用数学的眼光观察现实世界

数学为人们提供了一种认识与探究现实世界的观察方式。通过数学的眼光，可以从现实世界的客观现象中发现数量关系与空间形式，提出有意义的数学问题；能够抽象出数学的研究对象及其属性，形成概念、关系与结构；能够理解自然现象背后的数学原理，感悟数学的审美价值；形成对数学的好奇心与想象力，主动参与数学探究活动，发展创新意识。

（2）会用数学的思维思考现实世界

数学为人们提供了一种理解与解释现实世界的思考方式。通过数学的思维，可以揭示客观事物的本质属性，建立数学对象之间、数学与现实世界之间的逻辑联系；能够根据已知事实或原理，合乎逻辑地推出结论，构建数学的逻辑体系；能够运用符号运算、形式推理等数学方法，分析、解决数学问题和实际问题；能够通过计算思维将各种信息约简和形式化，进行问题求解与系统设计；形成重论据、有条理、合乎逻辑的思维品质，培养科学态度与理性精神。

（3）会用数学的语言表达现实世界

数学为人们提供了一种描述与交流现实世界的表达方式。通过数学的语言，可以简约、精确地描述自然现象、科学情境和日常生活中的数量关系与空间形式；能够在现实生活与其他学科中构建普适的数学模型，表达和解决问题；能够理解数据的意义与价值，会用数据的分析结果解释和预测不确定现象，形成合理的判断或决策；形成数学的表达与交流能力，发展应用意识与实践能力。

《教育部关于全面深化课程改革，落实立德树人根本任务》中提到了核心素养，并且要求修改课程标准，要把学科核心素养贯穿始终。

数学核心素养：具有数学基本特征的、适应个人终身发展和社会发展需要的人的、具有数学特征的关键能力与思维品质。

数学核心素养主要表现为：数感、量感、空间概念、符号意识、数据分析观念、几何直观、模型思想、应用意识、创新意识、运算能力以及推理能力。

第二节　来自《歌唱比赛》的启示

在看《歌唱比赛》节目时，惊叹于竟然有那么多玩音乐，为了把歌唱好，克服了一个又一个的困难，一遍又一遍地歌唱，一遍又一遍地重复……沉迷、专注、执着、享受……这是我所想到的词语来形容他们，还有一句话就是"做自己感兴趣的事情是最幸福的"。

在此之前，我总以为唱歌是一件很轻松的事情，看了《歌唱比赛》节目后，才发现并非如此。每一首好听的歌的背后，都是辛勤的汗水浇灌出来的，辛勤汗水的背后，是对音乐的热爱，因为这份热爱，让在我看来很枯燥的反复练唱成为一种享受。热爱，是玩音乐的前提条件。

而数学呢？其实是一样的。要使个别儿童的学习数学也进入"玩数学"这样一种状态不难，但要让许多儿童都进入"玩数学"的状态不易，让所有的儿童都进入"玩数学"的状态很难。不过，要让儿童喜欢你上的数学课，喜欢你这一位数学老师却是可以的。喜欢的前提就要激发儿童学习数学的兴趣。对于儿童来说，感兴趣的东西才会好玩。

兴趣是最好的老师，热爱是攀登数学高峰的导师。好玩好奇都是孩子的天性。试想，哪个孩子不爱玩！即使是成年人，也有许多是喜欢玩的。我们老师去听专家的讲座，如果专家的课讲得好，我们会听得很认真；如果专家讲得不够好，就有或多或少的老师不会认真仔细地听。

随着科学技术的飞速发展，数学的发展涉及的领域越来越广泛。国防、无人驾驶、3D打印、人工智能、制造业、农业等都体现数学的广泛应用。我国小学数学教育却存隐忧：部分小学生缺乏在现实生活和学习中活用所学知识，缺少解决问题的灵活方法，对事情和情境的理解和处理稍显欠缺；也有不少教师未能深入开发教材资源，令学生的操作和实践能力、创新意识等数学核心素养未能充分发掘，在培养"四基"有待加强，小学生运用所学知识解决生活中的问题核心能力仍不够强。

　　当今国际非常重视关键能力（核心素养）的培养。数学课程的一个目标是在数学课程中强调数学应用，培养学生应用数学知识解决实际问题的能力。如PISA类测试是一种国际性的科学的评价方法，可强化对考生知识面、综合分析、创新素养方面的考查。PISA会在各个国家中抽取4500～10000名初三与高一为主的15岁学生担任调查对象，以测试学生是否能够掌握社会所需的知识与技能。许多诺贝尔奖获得者倡导"做中学"活动，即让孩子参与一些科学活动，经历研究的过程。

第三节　来自"七样菜"的启示

"七样菜"对我来说，它不仅仅是一道可口的菜，更是一段段美好的回忆。今年初六一大早，妈妈就打来电话，嘱咐我大年初七要记得吃"七样菜"，说是吃了眼睛亮，事事顺。往年我是心不在焉地听，压根儿没有去做。今年，我格外"乖"，不仅听了，还照做了。

年初七一大早，我决定去菜市场把这"七样菜"买回来，结果，天公不作美，一大早倾盆大雨下个不停，无法出门。正望雨兴叹之际，看到了院子里有番薯苗和紫背菜，和家里的青菜凑在一起刚好是七样菜，我高兴极了，撑着一把大伞摘菜，不用冒雨去菜市场的感觉真好！欢欢喜喜地把菜洗干净，放了纯正的本地花生油下锅，冷油放菜，猛火不断，快上碟的时候放了少许盐，不一会儿，一盆香气四溢的青菜炒好了。这就是今天的早餐，一碟七样菜，一碗麦羹。吃完后感觉肚子特别的舒服，也特别的享受。这么简单的食物为什么会给我如此美好的感觉呢？

我想，年前到年后十几天了，天天大鱼大肉不缺，零食点心常有，糖水靓汤不断，各种水果齐全。如今，终是返璞归真，回归素食，给肠胃减负。看来，年初七吃"七样菜"是有科学道理的。说起这"七样菜"，其实是七种不同的青菜，都是植物，却营养丰富；麦羹，是阳山的特色食物，材料有三样：玉米粉、特制的碱沙、水。玉米粉产自阳山，这里没有工业污染，玉米自小长于青山绿水中，呼吸的是清新的空气，汲取的是纯净的阳山水，吸收的是农家的有机肥料，加上"黄麦子"这一品种的选择，熬出的麦羹更是有一股独特的香味，喝一碗，才觉得这餐饭吃得满足。我想，食物不一定要多么贵重，只要适合就好；口味不要总是不变，偶尔换一换，味道才更美。不仅饮食如此，数学教育教学又何尝不是如此呢？如果一位老师的数学课，总是千篇一律，孩子们没有任何的新鲜感、新奇感，就算再好吃，吃久了也可能会腻的。当然，也可以看上去似乎一样，但细品之下又有不同，让人眼前一亮，这样的感觉，应该是学生喜欢的。我是一名数学老师，今天的早餐和多年的教育教学经历，让我深感作为一名数学老师，要让我们的学生一直喜欢上你的数学课，对数学越来越喜欢，也越来越爱研究数学，那就要在备课的过程中好好地选材料、选调理、选方法、选搭配，让自己的课永远都保有生命力。能简就不要繁，能少就不要多，签到好吃就好。例如，如果能让学生动手操作的，就不用做烦琐的课件；能在黑板板书就不用课件代替；做三张PPT就可以的就不做四张；能让学生做一道题就可以应用该知识点的就不要重复做第二遍差不多的题目；可以布置五分钟的作业就能巩固所学新知的就不用增加作业量，多创造些机会让学生去阅读数学、观察数学、测量、调查等。肠胃负担少了，才有食欲，才有食量，才能更好地吸收。数学教育又何尝不是如此呢？有的老师上课，很喜欢重复重复再重复，一句话，说了一遍又一遍，生怕学生听不懂，听不到。我曾经接手过一个班，一开始，学生对于我这个几乎一节课没有什么重复语言的老师不大习惯，因为他们已经习惯了"重复"，但是慢慢地，他们就适应了，而且能够讲一遍就听到、领会和有作为，这是令他们自己也倍感喜悦的事情，许多孩子对我说："赖老师，原来我的耳朵这么灵。""原来我的记忆这么好，听一遍就记住了。""原来我不听也能自己看懂。""老师，我觉得自己可以很专心，您说的每一句话，我都能听到，同学讲的，我也能听清，还能马上有自己的看法。"……给孩子机会，就有无限的可能。我时常在想，好好的一盘青菜，被你炒了三遍，还好吃吗？还能吃吗？

数学老师，能简则简，即使要重复，也是一副新面貌，这样的数学课才好玩，这样的数学老师，才更让学生喜欢。

第四节　来自其他方面的启示

上初中的时候，对数学特别痴迷，同学们也总喜欢问我数学问题，为了解决一道数学难题，我常常冥思苦想，走路想、洗衣服想、吃饭想，连睡觉的时候也在想，半夜里突然豁然开朗是常有的事情，那种无比欢欣爬起床来简直想哼着歌写答案的情景，如今还历历在目。那时的我，数学是那么的好玩。而且，因为有挑战性，才那么好玩。我喜欢经历"山重水复疑无路，柳暗花明又一村"的那种过程。这份执着、这份专注、这份坚持、这种钻研精神一直伴随着我，成了对我来说非常宝贵的精神财富。成了我后来面对逆境、面对困难、面对委屈的不竭动力，就像心底深处一直有个声音：只要足够努力，你就能行！

可见，"好玩数学"是对数学的一种喜爱。"数学好玩"则有两重含义：一是北师大版教材中一个单元的名字；二是对学习数学的一种感受。"玩"数学又是什么意思呢？

360百科：玩是一个汉字，读作wán，本意是以手玩弄，通过获得非直接利益来娱乐自身，玩耍、玩弄等。清代袁枚《黄生借书说》有记载：摩玩不已。在《周易》的《系辞上》，这个字"玩"念：wong。意为研究之意。如"而玩其辞、玩古知今"等。这是在研究，而不是在玩弄。可见，玩既有"游戏"的意思，也有"研究"的意思。玩的特点有很多，从儿童的角度出发，离不开"三有"：有童真、有童趣、有童心。为此，教师要根据每个年级学生的年龄特点，设计适合那个年级的学习活动，把数学的学习活动过程变成一个探索的过程，使这些学习活动是有趣的，被儿童喜爱的，引导儿童执着于寻找答案的，学习的过程是轻松、愉快的。而"玩"数学应该体现以下特点：与枯燥无缘，没有辛苦可言，面对数学难题更有动力，即使劳累也倍感快乐和幸福，做数学就是与数学相处的美好时光,眼里有数学,脑海里有数学,口中有数学,生活里是离不开数学的,不可以没有数学,对数学王国充满了好奇心和探索欲望,期待着可以知道得多一些,再多一些。看来,"玩"数学的含义就是在"玩"中学习数学,愉快地、执着地研究数学,感受到数学的魅力,被数学吸引着。

第五节　关于"玩"数学特点的思考

对于少数人来说，数学学习是一件非常轻松的事情，但对于大部分学生来说，在学习数学的过程中，总会遇到或多或少的障碍，这些学习障碍甚至让儿童焦躁不安、徘徊不前，难以突破，这个时候的一部分儿童，会产生"数学真烦""数学一点儿都不好玩"的心理。为此，教师要揭开数学的面纱，让学生看到数学的魅力，激发学习动机，引发思考，展开探索，进入研究数学模式，进入研究模式的学生，也就开启了"玩"数学之旅。那么，"玩"数学有什么特点呢？

一、有趣味性

"玩"数学的第一个特点是有趣味性。儿童在学习数学的过程中，感觉到数学的学习是有趣的。在日常教学中，我们不难发现，有一些学生很喜欢跳舞、踢足球或者打篮球、画画、玩电子游戏等，就是不爱学习，上课不听，就爱聊天、发呆、神游教室之外；作业不做，就爱看电视、打电子游戏、玩手机。这一部分学生希望什么？希望作业少一点，上课有趣点，题目简单点……学习好玩点。如果想让数学吸引他们，那数学在他们的眼里必须变得有趣味性，因为在大多数孩子的眼里，有趣味的数学才好玩。

在小学数学教学过程中，有许多激发学生学习兴趣的方法，这些方法也是儿童比较喜欢的。例如，有的老师把课本上的情景图变成一个数学故事讲给学生听，学生就很喜欢；把课堂上的练习过程变成一个竞赛式的闯关过程，学生也很喜欢；利用希沃白板五设计一个数学对抗游戏，把数学知识融入其中，让两名学生上台比赛，其他学生分成两组当助赛嘉宾，学生就很喜欢。

几十年的教学实践证明，同样的数学材料，以不同的方式呈现给学生，会有不同的效果。举个很简单的例子，学生学习新课的知识后，教师一般情况下会出几道相对应的习题了解学生的学习情况。这些习题如果直接呈现给学生，许多学生默默动笔，按部就班做起习题来；如果教师在学生做题前，老师宣布："同学们，咱们比一比，谁能在3分钟内完成这两道题，好吗？"你会看到，许多孩子眼前一亮，表情转为专注，忙着说："好"，这个时候，教师要增加一些比赛的仪式感，例如，"准备好了吗？""比赛即将开始，请做好准备！""一二三，开始。"特别是中低年级的儿童尤为喜欢。作为教师要善于观察孩子的表情和眼神，你能从中发现他们是否觉得这样的学习方式是否有趣的，你可以在课中与学生商量，也可以在课后和学生访谈，根据学生的需要去调整自己的教学，让学生的数学学习有趣些。

为了让学生感到数学是有趣的，数学学习的过程是有趣的，教师在备课环节就要追问自己：怎样让课变得有趣些？更要在选择教学形式的时候选择儿童喜欢的方式，再次追问：这样的教学形式儿童喜欢吗？会觉得数学学习是有趣的吗？带着一种极强的"让数学有趣"这样的意识去备课，你的课才能真正有趣。因为对于大多数的老师来说，还不具备像数学大师那样顺手拈来就很有趣，很有深度，我们的身边，毕竟普通的教师多一些。其实，教育大师给我们展示的课例，许多是经过深思熟虑，反复打磨的。作为一名普通的数学老师，本已离我们的数学教育大师距离很远，还不认真地备课，你又凭借什么让你的课有趣，让学生觉得你的课好玩呢？

长期的教学经历告诉我，备好课是上好课的关键，更是上出优课的必备条件。一个有仁爱之心的老师，一个有责任心的老师，一个有扎实学识的老师，是会过好备课关，尽己所能给学生上有趣的课。

备课的时候，可以给自己一些极其简单的选择题：数学故事、数学谜语、数学实验、动手操作、数学调查、数学测量、数学表演、数学视频、数学童话、数学表演等。从中去选择自己要用的方式，你的课会更有趣些的。

二、有价值美

"玩"数学的第二个特点是有价值美。对许多教师来说，也许你能发现或者感受到数学是很美的，数字也是很美的，数学图形也是很美的，算式也是很美的，因为你喜欢数学。就像一个热恋中的人，对方怎么看都好看，即使是缺点也有理由变成优点，如果不喜欢，那么怎么看也看不出那么多优点来。当然，让我们的每名学生都恋上数学的可能性相对不会很高，但我们可以把它作为努力的方向，把这种可能性提高些，通过我们的努力，使更多的儿童"恋上"数学，与数学结下不解之缘。其中的一个方式就是想方设法让学生感悟数学的价值美，也就是感悟数学是很有用的。感悟数学作用的数学才更好玩。

学习这件事真的很好玩吗？对一部分人来说，学习是一件"苦差事"，对一部分人来说，学习是一件"幸福事"。《西游记》中的孙悟空为了学习，跋山涉水，历尽千辛万苦才寻得名师，学得七十二般武艺。对孙悟空来说，他发现了学习的价值，感悟到学习的价值，所以学起来特别的积极主动。而在教师队伍里却有部分老师是不爱看书不动笔墨的，原因当然是多种多样的，我觉得其中重要的一点就是看不到学习带给老师的"价值"，是额外添加的"负担"，因为学习是需要耐得住寂寞的。如果你课余天天呼朋唤友，吃饭聊天打麻将，哪来静心学习的时间？如果你一有空就刷刷朋友圈，看看电视，哪来静心学习的时间？不过，也有例外的，朋友照聚，微信照刷，书本照看，文章照写，有节有度，合理安排时间，自然兼顾得好了，那是对学习有兴趣的老师，有的甚至是学习已经成为一种习惯的老师。这种兴趣和习惯是从哪里来的？每个人不尽相同，相同的却是"学习重要""学习必要""学习有收获""学习有趣"。

对于儿童来说，学习数学好玩吗？每个人的感受不尽相同。但是，如果能够凸显数学课的价值美，就会增强对学生的吸引力。例如，刘楚燕老师上的《什么是周长》一课，设计了"周长在生活中的运用"这一道题，引导学生感悟周长的作用，例如知道腰围，就可以知道买多大的裤子；知道舞台的周长，就清楚要安装多少个射灯……这就是"周长"这一知识在生活中的应用之一，这就是价值美，这就让学习数学有"好玩"的味道，吸引学生愉悦地研究数学，在学习中，学生的应用意识得到培养。

三、有实践性

有一次，我去送教下乡，阳山县岭背中心小学的毛副校长对我说："赖校长您说奇怪不奇怪？昨天去买青菜，卖菜的孩子是我们学校四年级的学生，一元五角钱一斤的菜，买了2斤6两，我还没有算出来，他马上口算出来了。

他可是全校有名的数学学困生，考起试来就那么几分。"接着，毛校长就问他："1.5乘2.6等于几？"孩子愣住了，答不上来。毛校长："刚才你是怎么算的？"学生高兴地说："2斤是3元，6两是9角，一共是3元9角。"

故事中的孩子虽然在学校的数学学习成绩不佳，但在卖菜中可以用知识解决生活中的数学问题。可是，当生活知识变身为算式呈现的时候，他就无法解决了。如何沟通数学与生活的联系，给小学生增加学以致用的机会，体现学用合一，做到举一反三、融会贯通呢？

我想，让学生的数学学习有"玩"的味道，数学就应该是有实践性的。例如《什么是周长》，你要培养学生的空间观念，就需要建立在直观的基础上，通过看、摸、描、找、量等探索出什么是周长。实际上，教无定法，我们也可以引导学生回忆他们绕操场跑步的情景，理解运动场的周长，甚至在课前可以让学生去跑一跑。

四、有挑战性

循序渐进，引导学生跳一跳，跳一跳，再跳一跳，逐渐摘到树上越来越高的桃子。最好在学生成功摘到桃子以后，回头一看："哇，我竟然可以摘到这么多的桃子，竟然可以摘到长得这么高的桃子。"就像登山，一步一步，一步又一步……直到登上山顶。那种成功感是无法比拟的。数学学习也一样，有挑战性，而这种挑战又是经过努力可以达到的，就会有成功感、自信心、满足感、愉悦感，才有"玩"的味道。

五、有简约性

有一次，我和学生小戴聊天。我说："你怎么变得那么喜欢学数学了？"小戴说："因为庄老师讲课讲得很慢，有时会讲很多遍，我听得懂，不再怕学数学了。"她还说："学得会，又会学，才会觉得有趣，才会喜欢，才会越学越好。"

故事中的孩子说得很有道理。试想，如果一门课程你根本就学不会，总是听不明白，久而久之，你还会喜欢这门课程吗？当然不会，那么数学核心素养又如何在孩子身上落地？核心素养的培养是建立在学生主体数学学习有作为的基础上的。"玩"数学的前提是，有能力学习数学，有可能学好数学。

第六节 关于"玩"数学方法的思考

怎样让学生数学学习有"玩"的感觉，说起来容易做起来挺难的。如果有好的方法，则能起到事半功倍的效果。下面就来谈谈我的一些思考。

一、确定"玩"数学之目的——培养核心素养的明灯

首先要确定"玩"数学之目的，让"玩"数学有个明确而正确的方向。方向对了，努力才不会白费。例如，你上《确定位置》这一课，你要研究教材和研究学生，确定重点培养学生什么核心素养？数感？符号意识？空间观念？几何直观？数据分析观念？运算能力？推理能力？模型思想？应用意识？创新意识？（数形结合思想、几何直观、空间观念等）

又如，你准备上《编码》，你确定重点培养学生哪些方面的核心素养，如果你确定重点培养学生的应用意识，那么在课的设计上你就可以凸显"编码"从哪里来？是怎么样的？怎么创造出来？有什么用？学生采用什么方式学习等。再如，在教学北师大版三年级上册第五单元第一课《什么是周长》一课时，就确定了以下任务：结合具体实物或图形，在观察、思考、操作等活动中，认识物体表面或图形的周长，会量一个图形的周长；在经历操作的过程中，通过实际的围、量、观察和比较中，理解周长的含义；在与他人合作以及测量物体表面或简单图形的周长中，感受周长与实际生活的密切联系，重点培养空间观念、几何直观和量感，渗透化曲为直的思想。

二、拥有"玩"数学之眼界——培养核心素养的土壤

笛卡儿看见墙角的蜘蛛，上下左右拉着丝，拉成了蜘蛛网，他想，可以把蜘蛛看作一个点，它在屋子里可以上下左右运动，能不能把它所到的每一个位

置用一组数确定下来呢？他又想，屋子里相邻的两面墙与地面交出了三条线，如果把地面上的墙角作为起点，把交出来的三条线作为三根轴，那么空间中任意一点的位置就可以用这三根数轴上找到有顺序的三个数表示。反过来，任意给一组有顺序的三个数也可以在空间中找出一点P与之对应。同样道理（X、Y）可以表示平面上的一个点，平面上的一个点也可以用一组有顺序的两个数来表示，这就是坐标系的雏形。（摘自吴正宪《小学数学基本概念解读第350-351页》）

如何让我们的学生也逐渐变成这样呢？其实就是使学生逐渐养成数学思考习惯，提高数学思维能力和实践能力。例如，做很多家务，你自然而然会用上统筹的方法；你去旅游，自然而然会比较分析相关数据，确定路线，制订旅游方案（去看什么景点，坐什么车，住什么酒店，到哪里吃饭等）。因此，教师要创造机会让学生去开展数学社会实践。如数学小调查、搜集数学数据、数学测量等。

三、设计"玩"数学之学案——培养核心素养的灵魂

无论什么类型的课，都可以引导学生"玩"数学，在"玩"数学的过程中培养小学生的核心素养。

（一）充分挖掘教材中的"数学好玩"因素培养小学生核心素养

要培养小学生核心素养，需要教师有慧眼，善于挖掘教材中的"数学好玩"因素，让数学变得更好玩些。实际上，教材中的许多内容是很好玩的，《什么是周长》就是很好玩的内容，课中让学生围绕以下问题开展小组讨论：

① 选一个你喜欢的图形，先摸一摸物体面的边线，再量一量它的周长。杯子圆形面的周长、课桌面的周长、茶叶筒底面的周长、数学书封面的周长、黑板的周长……（提供实物）；

② 量出自己或者同学的头围、腰围、臂围……

③ 测量并计算三角形、平行四边形或梯形卡片的周长。

温馨提示：小组内先做好分工，两人负责测量，一人做记录，一人汇报；选中要测的物体，想好要用测量工具；及时做好记录，做好汇报准备（为了节省时间，方法可以简单些，只要能在汇报的时候表达清楚就行了）。

学生通过摸一摸、量一量、算一算等方式认识周长、理解周长。所选用

的学习方式适合三年级学生的年龄特点和知识水平，所选用的学习素材如课桌、数学书、茶叶筒等都是学生特别熟悉的物品，黑板就在教室里，天天能看到，这一切都让学生感到特别的亲近。而头围、腰围和臂围等更是学生身上的数学问题，这样的数学学习又怎么会不好玩呢？这对于培养"三会"是特别重要的。

（二）尝试开发"数学好玩"素材培养小学生核心素养

深入的理解是学习数学成功的关键之一。因为只有深入理解了，才能灵活运用。有的老师总是吐槽：教了那么多遍，讲了那么多次都不会。许多老师总是从学生的角度出发分析原因，认为学生不认真听课，注意力不集中等，大多数老师会把责任推到学生的身上，当然，学生也是有责任的，但是，学生身上这些"原因"背后的原因又是什么呢？作为教师又应该怎么做呢？对于大多数小学生来说，能够这样思考的老师并不多，就是你虽然讲了那么多遍，却不是学生能听懂的，就像电视剧《外地媳妇本地郎》中的一句话"鸡同鸭讲眼辘辘"。没有抓住学生思维的障碍之处着力，化为学生能够听懂的语言，学会的方法。也许，你只是自己讲，却少让学生自己去尝试，去发现学生在哪里遇到坎啦。知道"坎"在哪里，才容易帮助学生跨过去呀。我发现，许多学生画角和量角都不准确，原因当然是很多的，大家认为根源是什么？根源就是对量角器的认识和使用不深入。教师应该引导学生思考：量角器为什么长这个样子？量角器上有什么？有什么用处？量角器只有这些吗？在教学角的度量这一内容后，就开发了《神奇的量角器》一课，主要有以下环节：

1. 庐山面目——量角器是怎样的？

课件出示常见的量角器，有塑料做的，有木质的，有铁质的。

2. 至关重要——量角器有什么用？

量角：量一个角的度数。

画角：画一个已知度数的角。

3. 心灵手巧——量一个角的度数、画一个已知度数的角的方法各是怎样的？

（1）忆"1度"。

（2）找角。

（3）量角。

（4）小结。

点对点来线对边，

读数要看另一边，

0在内圈看内圈，

0在外圈看外圈。

3. 火眼金睛——估计生活中的角的大小

在生活中，有时候只需要知道"角"大约是几度就可以了。我们要练就一双"火眼金睛"，能够估计一个角大约是多少度。

打篮球时，投篮命中率高和角有关系。一是三重90度角：就是你出手时，手上要有三个90度角，所以当球举起来之后，你要先找到，第一个手腕呈现90度，手肘呈现90度，最后是腋窝也呈现90度。二是投篮的弧度是45度。

再引导学生思考：生活中还有需要估计角的大小的地方吗？

4. 一丝不苟——越来越"精确"的量角器

在生活、学习和工作中，特别是科技、土木工程、设计等行业中，有时候对一个角是多少度的要求却是误差越少越好，值越精准越好。为了满足需要，量角"器"变得越来越神奇起来。

5. 奇思妙想——量角的工具还有哪些？

引导学生上网搜索先进的量角工具及其用途。

数学是思维的体操，数学课堂是做"思维体操"的好地方，数学教师是培养学生思维能力的能手。对学生核心素养的培养，需要在用好教材的基础上，尝试开发"数学好玩"素材。

（三）充分利用其他单元知识教学培养小学生核心素养

其他单元知识的教学也要有"玩"数学的味道，例如，工作室学员邹翠莲老师到黄埔学校为初一的学生上了一节《线段 直线 射线》，这是我们工作室这次跟岗活动其中的一个课例，研究的主题是初中学生喜欢怎样的数学课堂，怎样的数学课堂更有利于培养学生数学核心素养。在做一做的环节里，教室设计了以下环节：

活动一：过一点有无数条直线。

1. 动手操作：用一个图钉，将一根木条（或硬纸条）固定在纸板上转动木条，若将木条看作直线，将图钉看作一个点，你有什么发现？

2.畅谈发现：木条可以随意转动，转动的轨迹有无数条。

3.得出结论：过一点有无数条直线。

活动二：两点确定一条直线。

1.动手操作：增加一个图钉，将木条用两个图钉固定，再转动木条，你有什么发现？

2.畅谈发现：木条不能转动。

3.得出结论：经过两点有且只有一条直线。（板书）

活动三：学以致用。

1.工人在砌墙时，先在两端立两个标杆，然后拉一根绳子，这样砌出来的墙就是直的，其中根据的数学道理是什么？

2.各组试再举一个能反映"经过两点有且只有一条直线"的实例。

学生喜欢什么课堂，喜欢可以让他们当主人的课堂，在课堂上，学生有机会操作，有机会发言，有机会应用，不是观众，也不是配角。他们与同学、老师都有互动交流，课堂成为一个有互动的知识海洋，让人乐于畅游其中。

当然，在"玩"数学中培养学生核心素养也需要创造"玩"数学的氛围，此处不再阐述。概括起来，玩数学，有准备；守纪律，有修养。善倾听，有见解；勤探索，有毅力。对难题，有韧劲；善反思，有后劲。

第七章

好玩的"学用式"数学实践活动

《义务教育新课程标准（2022年版）》指出：在义务教育阶段，数学眼光主要表现为：抽象能力（包括数感、量感、符号意识）、几何直观、空间观念与创新意识。通过对现实世界中基本数量关系与空间形式的观察，学生能够直观理解所学的数学知识及其现实背景；能够在生活实践和其他学科中发现基本的数学研究对象及其所表达的事物之间简单的联系与规律；能够在实际情境发现和提出有意义的数学问题，进行数学探究；逐步养成从数学角度观察现实世界的意识与习惯，发展好奇心、想象力和创新意识。为此，教师在从事数学教育的过程中，引导学生在观察的时候、思考的时候要有数学的角度，教师也要做学生的榜样，把对数学教育的思考融入自己的生活里，善于从教材、从生活里挖掘数学学习资源，让学生感

受数学的神奇之处。许多教育教学大师之所以成为大师，他们身上就有着这样的特制，例如，徐长青在上《优化》一课的时候，选取的情境就来自我们的生活——烙饼，在课堂上，一句"饼来了，锅来了，哧啦3分钟……"充满了生活现场感，学生以"手"为"饼"，教师以"手"为"锅"，开启了师生共同参与的其乐融融的"烙饼"过程。徐老师以其精妙的设计，幽默风趣的语言艺术，再现"烙饼"生活场景，学生经历"烙饼"过程，一边烙饼，一边观察、思考和表达，使数学学习容易理解又生动有趣，数学的简约美在这节课体现得尽善尽美。华应龙老师在参加国庆阅兵式的时候，就边看边从数学的角度去思考，开放出新的课例《阅兵中的数学故事》，吴正宪老师讲除法，用的是"一分钱"的学问。我们应该向大师们学习，勤于思考，勤于实践，创造出学生喜爱的课例，成为学生发现问题、提出问题、分析问题和解决问题的榜样。

第一节 挖掘生活资源 写好数学日记

写数学日记是让数学好玩的好抓手。可是，小学生年纪小，知识水平还不高，很多学生害怕写日记，觉得无话可说，没什么可以写。因此提出"挖掘生活资源，写生活日记"来解决这一难题。让日记贴近学生的生活实际，激发小学生的兴趣，使他们爱写日记，能写日记，会写日记。使小学生勤动笔，乐于表达，使"怕写日记"的学生变得"爱写日记"，使不会写日记的学生变得善于写日记。我们的日记教学要进行改革，做到：提出挖掘生活资源，积累素材；利用素材，写数学日记；展示数学日记，体验写作乐趣。

一、挖掘生活资源，积累数学日记素材

学生也是教学资源的开发者，他们的身边有非常丰富的日记素材，他们在报纸杂志上、图书、电视上、网络中、日常生活中、做游戏、参加体育运动、其他科目中……会学习到许多的知识，发生许多事情，喜怒哀乐皆有。无论是他们看到的还是听到的，抑或是想到的都是非常好的数学日记素材。他们在家里、校园里、社会上会有很多的经历和发现，这些都是很好的写作数学日记的素材。

（一）挖掘校园生活资源，积累数学日记素材

小学生在校园里读书学习、参加课外活动，与老师和同学一起学习，共同成长。这些都是非常丰富的生活资源，是很好的数学日记素材。引导小学生学会挖掘这些生活资源，积累写作数学日记素材，能有效地激发学生的写作兴趣，促进学生写作数学日记能力的提高。

1. 挖掘课外活动资源，积累写作数学日记的素材

好玩是孩子的天性。孩子们的课外活动是多么的丰富多彩，挖掘这些活

动资源，就成为非常好的写作素材。小学生无论是在家里还是在学校，都喜欢玩，课间时间、文体课上、活动课上，学生玩得那么开心：有的踢毽子、有的跳绳、有的打乒乓球、有的玩捉迷藏、有的玩"顶牛"、有的打羽毛球……玩的花样虽然不同，但脸上的笑容是一样的，那是一种发自心灵深处的笑。这里就有许多的数学信息和问题，这是多么宝贵的数学日记素材！

2. 挖掘读书学习中的资源，积累写作数学日记的素材

引导学生在跨学科中挖掘生活资源，如英语课、科学课、数学、体育、美术、音乐等课中挖掘生活资源。一位学生在上了小学六年级下册的《圆锥的认识》一课后，写了一篇题为《一场"圆锥发布会"》的日记，文中的其中一段是这样写的：进入"交流试学导航"环节时，我们展开了热烈的讨论，有的手拿用纸制作的圆锥，比画着，边介绍自己制作圆锥的过程和发现；有的手拿用胡萝卜削成的圆锥，介绍它的特征；有的拿着圆锥形的铅锤，用手边摸边说……

讨论结束后，上演了一场"圆锥发布会"……

我们畅谈自己的发现，提出了一个又一个的疑问，争着为同学解决问题，踊跃发表看法……我们自信、聪明、兴致勃勃！我们学得那么的开心！我们在课堂上欣喜地展示自己收集的资料，畅谈自己的发现，解决同学的疑惑，数学真的好有用，我越来越喜欢学习数学了。

不同的学科有不同的特点，学科之间也是相互联系的。学生们对每天所上的课都有不同的感受，都会学到不同的知识，他们注意观察、注意积累，又有可写的素材了。

"熟读唐诗三百首，不会写来也会吟。"读书是知识的重要来源，让学生走进书籍，书读得多了，写作能力和水平就自然会提高。书籍同样是日记素材的重要来源。学生通过阅读适合他们的各种书籍，无论是诗歌、寓言、童话还是小说都可以阅读；无论是古代的还是近代的；无论是文学读物还是科幻读物，只要是健康的，都可以读。小学生阅读的内容和范围越广泛，他们的知识面就越广，视野就越开阔，积累的写数学日记的素材也就越多。"问渠哪得清如许，为有源头活水来"，引导学生走进书籍，不断地学习，学生的日记才不会成为无源之水，无本之木。正所谓"读书破万卷，下笔如有神"。

3. 挖掘师生相处的资源，积累写作数学日记的素材

在校园里，学生与学生之间、教师与学生之间都会发生许多故事，留下许多美好的回忆。师生之间的那份亦师亦友的深情、学生间同窗共处的深厚友谊等都是非常好的写作素材。教师要引导学生善于观察、用心体验，并及时记下来，作为写作素材。如一位同学在写《我心目中的好老师》的时候，开头是这样的：新的班主任庞老师进来了，她个子不高，只有150厘米左右的样子，腰围却有三尺那么宽，额头也宽宽的，像个正方形，一点儿都没有我们原来的冯老师好看，我在心里说："冯老师，我好想您。"接着她笔锋一转，写道：本来心情就不好的我，竟然发烧了，我的额头好烫、我的脸好烫、我的头好晕……这真是雪上加霜了。这时，庞老师走过来，柔柔地问我："是不是不舒服呀？"边用手摸摸我的额头，然后马上扶我到教师办公室，倒了一杯温水给我喝，又为我擦祛风油、搓手、按穴位……我发现，老师其实挺好看的。看来不是"雪上加霜"，而是"病中送温情"呀。从此，我喜欢上了庞老师……这位学生用了她生病后老师对她的照顾这样一件小事来反映出教师对学生的爱。这都源于小作者善于挖掘她和老师相处的资源——老师对她的关爱和帮助，积累了一定的写作素材，才写出这么有真情实感的好数学日记。

（二）挖掘社会生活资源，积累写作数学日记的素材

社会是一个大课堂，有着非常丰富的写作素材。旅游过程中游览过的名胜古迹、山山水水、亭台楼阁……让学生走进大自然，让他们置身于大自然中去玩赏，在玩赏中观察，了解大自然，去发现去探索，从中获得感性真知。引导学生做个有心人，每到一个地方，都要注意观察，不要视而不见，听而不闻，避免和许多值得写的内容擦肩而过，要边观察边思考，边提出问题，不懂的要乐于向他人请教或者自己查阅资料。他们在电视上、报纸上和网络上会捕捉到很多的信息，发现许多的人和事、趣闻。"神五升空""汶川大地震""2008年北京奥运会""钓鱼岛事件"……他们的视野开阔了，知识面更广了，而这些就是很好的写作素材。让学生走进社会，到敬老院去为老人们表演节目、打扫卫生；到大街上清除"牛皮癣"和纠正错别字；到银行去调查利息与利率的问题……这样，他们在活动中挖掘到越来越多的社会资源，积累了更多的写作素材。

（三）挖掘家庭生活资源，积累写作数学日记的素材

每位学生都有一个家，小学生除了在学校，其他的时间大部分是在家中度过。可是，很多小学生却不善于挖掘家庭生活资源，没有当一个生活的有心人，去观察、思考和感悟，从而忽视了家庭生活中的数学素材。

1. 挖掘家务活动资源，积累写作数学日记的素材

生活是一本书，学问可大了。我们要引导孩子在日常生活中注意观察，善于思考。学会挖掘餐桌上的、打扫卫生方面的、整理房间方面的、洗碗方面的、做菜、煲汤、包饺子等方面的数学资源。如妈妈炒的菜，颜色怎样？味道如何？炒这道菜的顺序是这样的？调料各放多少？菜有多少千克？家人品尝后说的话、表情怎样、动作怎样等。

教师引导学生学会挖掘家务活动方面的资源，创设机会让学生成为家务活动的一分子，开展"我是家务小能手"活动，让学生做到"自己能做的事情自己做，自己不会做的事情学着做"，帮助父母干一些力所能及的家务活，如擦桌子、扫地、拖地、洗衣服……并说说自己是怎么做的，用时多少。如果用机器人扫地机，用时多少，时间的比是多少等，可以说给父母、爷爷奶奶听，也可以说给朋友和同学听，还可以把自己学做家务活的过程写在日记本上，变成一篇数学日记。

2. 挖掘家庭亲情资源，积累写作数学日记的素材

爷爷奶奶、外公外婆、爸爸妈妈……都给予孩子很多的关爱，生活中的点点滴滴是孩子能亲身感悟的，他们的所见所闻、所思所想、所作所为就是很好的写作素材。积累下来，他们就会有话可说，有东西可写。教师要引导学生学会挖掘生活资源，注意挖掘这些资源里的数学信息和问题，如教师可以进行问题式的引领：你生病的时候爸爸妈妈为你做了什么？什么时候在什么地方？爸爸妈妈的表情怎样？你的心情怎样？父母下班回来，你帮他们倒了一杯茶，他们表情怎样？说了什么话？……这样，让我们的学生懂得如何去挖掘家庭亲情方面的资源，从而积累写作数学日记的素材，从数学的角度出发，写数学日记。

3. 挖掘童年记事资源，积累写作数学日记的素材

童年是最难忘的。他们以一颗童心来看周围的一切，以一颗童心来感受周围的一切。他们有许多的第一次，如第一次学骑自行车、第一次看到蜗牛、第一次学唱歌、第一次换牙……童年是美好的，会发生许多有趣的事情。教师要善于创造机会让学生打开话匣子，畅谈童年趣事，创设氛围，让学生似乎回到了童年，从而在轻松活泼的氛围中挖掘出童年记事资源，积累写作数学日记的素材。

挖掘的生活资源，可通过"交流"来积累写作数学日记的素材。首先要求学生在说中积累写作数学日记的素材，可以和父母或者小朋友说说自己玩什么，玩得怎么样，心情如何，事情的经过、结果如何。教师取得家长的配合，使学生养成每天回家与父母交流的习惯。可以说说今天最开心的事情，要求说清楚时间、地点、事情的经过、结果和自己的感受及这个过程中的数学信息和数学问题。这样不仅有利于孩子养成挖掘活动资源，积累写作数学日记素材的习惯，也有利于加强父母和孩子之间的交流，使父母更了解自己的孩子，增进父母与孩子之间的理解与信任，使家充满浓浓的亲情。

在课中创造机会让学生交流收集到的数学生活资源，让他们以小组为单位分享挖掘的数学生活资源，体验成功的同时提高学生挖掘数学生活资源的兴趣。学生们在交流的过程中相互倾听、相互评议、相互学习、相互提高。

通过"日记"来积累写作素材。学生把每天的活动写在日记本上，日记可长可短，引导学生养成积累素材的习惯。

这样，小学生善于挖掘生活资源，养成积累写作数学日记素材的习惯，有效地化解了写数学日记的难度，解决了无话可说的难题，写作数学日记素材的积累，为学生排除了写数学日记的"无内容可写"方面的障碍。

二、利用积累素材，写生活型数学日记

小学生的数学日记充满浓浓的生活味道，生活型数学日记写生活，是小学生看得着、摸得到、想得到的数学话题。这样的数学日记既是小学生们喜欢写的，也是小学生会写的、爱写的。教师引导学生利用写作素材，让学生写生活日记。这样的数学日记，饱含学生最真切的体验，把学生喜闻乐见、亲身的经历变成文字。正因为生活日记贴近学生的生活，他们不再为无话可说而愁眉苦脸，他们变得有话可说，有东西可写，而且笔下流露出的是真情实感。生活日记让学生们的写作植根于丰富的生活，让童心飞扬，让童言无忌，让童趣横生，返璞归真，产生原生态效果。他们在生活中学习写数学日记，而在写日记的过程中对生活又有了更好的反思和体验，从而更能用数学的眼光去看生活，用数学的思维去思考，用数学的语言去描述生活里看到的现象，从而培养学生的核心素养。

学生在日常生活中养成了挖掘生活资源的习惯，就会在自己的资料库里

储存了很多的写作数学日记的素材。教师要善于只要捕捉住这些素材，引导学生选择数学信息比较丰富的素材，利用好这些素材，抓住学生好奇心，迎合学生的心理需求，让学生"一饱眼福"，把写得好的数学日记在班上展示，还要让学生"一饱耳福"，让学生在班上读写得好的数学日记。在"一饱眼福"与"一饱耳福"的过程中学习其他同学的优点，不断提高自己的写作数学日记的能力。同时也让写得好的学生产生强烈的自豪感，产生写好数学日记的动力，更勤动笔去写，这样，写作能力就得到了提高。

三、展示数学日记，体验写作数学日记的乐趣

创造计划展示学生的数学日记，让学生相互分享，相互学习，相互提高，进一步体验写作数学日记的乐趣。

（一）开展活动，展示数学日记

教师要多创造机会让学生写数学日记，开展"我手写我心"活动，题材与题目任选；开展"现场即兴数学日记"比赛活动；开展"争当数学小编辑"活动，教师改革数学日记批改的方式，让学生的自评、互评与教师的点评相结合，提高学生修改自己和他人的写作日记的能力，学生之间取长补短，相互促进写作数学日记能力的提高。

（二）提供舞台，展示数学日记

教师应为学生搭建一个展示才华的舞台，把好的数学日记推荐到校《优秀数学日记选》或者校报或者更高一级刊物上发表。教师也可以在班内展示学生的数学日记，让学生"一饱眼福"，如举行"优秀数学日记展""好日记齐齐看"；也可以让学生当评委，评选出心目中最优秀的数学日记，并有评委代表进行点评。同时，教师还要经常在班上读学生写得好的数学日记，还要让学生"一饱耳福"，让学生在班级上读写得好的数学日记，不一定要全篇照读，可以选择其中写得最精彩的一两段读给其他同学听，长此以往，那些有数学日记被读的同学会体验成功的乐趣，产生强烈的自豪感，激起他们写的兴趣，写数学日记会逐渐成为他们的爱好；听的同学在"一饱耳福"的过程中学习其他同学的优点，不断提高自己的写作数学日记的能力。同时会激发写作积极性，在榜样的作用下激起写数学日记的兴趣，勤动笔写，不断提高写的能力。

第二节 重视学用相融，
让"数学好玩"更好玩

——以《数图形的学问》为例

"玩"数学的关键之一是学用相融，拓宽学生学习数学的途径，把学习与应用结合起来，把课堂与课外联系起来，把文本与活动结合起来，从而既重视学生学习的过程，又凸显"用"数学知识解决问题。"顺应孩子天性"是北师大版教科书里的一句话，这句话道出了"数学好玩"的真谛。众所周知，好奇、好探究、好秩序、好分享可以看成孩子的四大天性，也可以看成人们探究未知世界的四个过程。

如果你让孩子获得了数学学习的好奇心和自信，愿意去独立思考与合作交流，学会了思考，你就是成功的教师！下面以《数图形的学问》为例，简单叙述如何重视学用相融，让"数学好玩"更好玩。

一、标准（2011年版）对"数学好玩"的解析

"数学好玩"的名字取自2002年在北京举行的国际数学家大会期间，91岁高龄的数学大师陈省身先生为少年儿童题词。设计目的是激发学生学习数学的兴趣，体会数学思想，锻炼思维能力，积累思考经验，开阔眼界。"数学好玩"包含两方面的内容：一是综合与实践。根据课程标准修订的要求，每学期安排1次，有的是课内完成，大部分需要课内外相结合。进一步明确了综合与实践的内涵，重新设计了12册的内容。第一学段通过"议一议""做一做""想一想"的活动过程，第二学段通过"活动任务""设计方案""动手

实验""交流反思"的活动过程，鼓励学生"从头到尾"思考问题。在活动最后设计"自我评价"的栏目，鼓励学生对于自己的活动过程进行评价。二是其他内容。包括数学游戏、数学趣题、数学应用等。根据学生的年龄特征，1~2年级每学期安排1个专题活动，3~6年级每学期安排2个专题活动。

综合是一种思维方式，实践是一种探索精神，综合与实践课程的设置对于培养学生的动力实践能力、抽象思维能力、创新意识和应用能力都是有益处的，特别对于培养学生的合作精神、交流意识、创新能力有其不可替代的价值。

综合实践活动是培养小学生应用意识的最有效方法，是以一类问题为载体，师生共同参与的一种学习活动，是帮助学生积累活动经验的重要途径。也可以理解为一种数学探究或数学建模活动，是指学生综合运用所学的数学知识、思想、方法解决一些数学问题或现实问题的过程。有效的数学学习活动。"活动"不等同于动手操作，或合作交流，小组讨论。数学活动首先是数学的，所从事的活动要有明确的数学目标，到底要不要动手实践、要不要小组合作、要不要同学交流都是形式上的保证，如何能够通过这项活动深化学生对数学的理解，对数学和其他学科联系的理解，对数学在实际中应用的理解，这是最重要的。"综合实践活动"是学生积累活动经验的重要载体，是培养应用意识很好的载体。主要目的是让学生在解决问题的过程中经历合作学习、多角度认识问题、多种形式表现问题、多种策略思考问题、尝试解释不同答案合理性的活动，加深对相关知识的理解，积累如何去发现问题、如何去研究问题的经验，而不是学习新知识，或者仅仅获得问题的结论（小学数学新版课程标准解析与教学指导）。

用数学方法去解决现实生活中的问题。现实世界与许多现象和问题隐含着一定的数学规律，需要人们从数学的角度去发现、去探索、去寻求解决策略。

二、重视学用相融，让"数学好玩"更好玩

《数图形的学问》是北师大版教材四年级上册第93页至第94页"数学好玩"这一板块的内容。在活动中，注重数学与生活实际、与其他学科，数学内部知识的联系和综合应用。教师在教学设计和实施时应特别关注五个关键：问题的选择、问题的展开过程、学生参与的方式、学生的合作交流、活动过程与

结果的展示与评价，以及活动过程中师生互动的要求等。选择"数图形有什么学问"作为研究主题，整节课学生都围绕这个问题展开探索，特别突出学生学习的自主性，主要分为三步走：第一步是课始分享（创编数学故事、提出数学问题）；第二步是课中研究（提炼研究主题、围绕主题探索、应用数学结论、总结反思过程）；第三步是课后延学（实践性作业）。

（一）课始分享

由一名学生主持"课始分享"活动。

1. 创编数学故事

课件出示课本第93页的主题图（图略），学生看图创编故事。

【设计意图】四年级的学生是很喜欢听故事的，也喜欢编故事。此处出示课本上的主题图，让学生通过创编故事来理解图意、题意。体现课开始就好玩，既有美术学科里的"画"，也有语文学科里的"故事"，还有数学学科里的"路线"，还有生物学科里的"鼹鼠特性"……"画"与"话"成了数学绘本，怎能不让人喜爱？

2. 提出数学问题

（1）从故事中提出数学问题并独立思考。

（2）提出课前还没有弄懂的问题向同学请教。

【设计意图】培养学生提出问题的能力是很重要的。在创编数学故事的基础上，用好数学故事，从故事中提炼数学信息，提出数学问题。而且，还在此环节给予学生提出需要同学帮忙解决的问题，营造学生之间相互交流、讨论数学问题的氛围，这种氛围有利于把令人"烦恼"的数学问题变成同伴之间的"话题"，因共同的话题让数学变得更好玩。

（二）课中研究

1. 提炼研究主题

教师根据学生刚才的提问提炼出研究主题：数图形有什么学问？

【设计意图】此处的设计用时很少，却能让学生明确这节课要研究的主题是什么，使学生探索的目标更为明确起来。

2. 围绕主题探索

（1）小组交流

小组内的同学提出的问题：任选一个洞口进入，向前走，再任选一个洞口钻出来。有多少条不同的路线？

讨论提出的问题。

【设计意图】由学生提出问题，并由其他学生应用所学的知识解决提出的问题，教师充当组织者的角色。体现学生全程参与研究，全程参与实践。让生发体验、激活思维、引发灵感、孕育创新成为可能。

（2）全班汇报

学生以小组为单位汇报。

在学生汇报的时候，教师要注意把控重点问题：有多少条不同的路线？学生画示意图，说出数的方法，找出怎样才能数得不重复不遗漏？

经过努力，学生得出以下结论：把线段以长短为标准分类，按照从短到长的顺序数，先数断的线段：AB，BC，CD，再数比较长的线段：AC，BD，最后数最长的线段：AD。把"点（洞口）"的位置进行分类，从左往右按照点的排列顺序数，先数从A点出发的线段，再数从B点出发的线段，最后数从C点出发的线段。

【设计意图】如果我们给予学生的限制越多，学生的自由度就越少，创造性的机会就会变得越小。为此，力求放手让学生自己去研究，主要采用小组交流、汇报的方式展开学习，学生采用说一说、画一画、数一数等方法围绕主题开展研究，培养了学生的推理意识、几何直观和空间想象能力以及数感和量感。

（3）游戏促思

教师领着学生一边说一边做一边数：伸出左手要张开，小小手指是洞口，指缝之间有距离；伸出右手小食指，充当鼹鼠玩钻洞。拇指洞口钻进去，食指洞口钻出来；拇指洞口钻进去，中指洞口钻出来；拇指洞口钻进去，无名指洞口钻出来；拇指洞口钻进去，小拇指洞口钻出来。食指洞口钻进去，中指洞口钻出来；食指洞口钻进去，无名指洞口钻出来……

【设计意图】把数图形的学问融入小小的手指操上，学生动手动脑，有趣有用，学生喜爱、印象深刻。简单的手指操，既有运动，又增加趣味性，还感受身上也有数图形的学问，且进一步理解数图形的学问，更给学生"数学好玩"的真切体验。

3. 总结研究情况

在学生充分交流的基础上，回顾学生的成果，形成板书，使重点更为突出，同时也帮助学习有困难的学生。

接着指着板书引导学生总结出：数图形里有学问，先分类后按顺序；不遗漏来不重复，抓住规律探奥秘。并打节奏朗读这几句话。

【设计意图】整个过程同时体现的是形式的多样，关注每位学生参与的积极性及参与度，把结语与音乐结合起来，增加这一环节的趣味性。

（三）现学现用

1. 生活搜查

师：我们从鼹鼠玩钻洞游戏发现了数学问题——数图形的学问，生活中需要用数图形的学问解决的数学问题有哪些？（设计大巴、轮船、飞机等的单程票，握手问题，衣服鞋子的搭配，开锁问题等）让学生去发现生活中的数学问题，并从中抽取一些作为学生的练习话题。

2. 阳山旅行

课件出示阳山景点和题目：

假如要开通一条从杜步镇鱼水旅游风景区到广东第一峰的旅游线路，单程需要准备多少种不同的车票呢？

根据情境画出示意图，有顺序地数一数，说说你是怎么数的。

如果有6个汽车站，单程需要准备多少种不同的车票呢？

如果有7个汽车站，单程需要准备多少种不同的车票呢？8个呢？你发现了什么？

3. 握手游戏

师：握手是一种礼仪，表示对他人的尊重，一定要用右手。你表现得真好，咱们握个手吧。分别与两位学生握手，再请两位学生握一次手，问：一共握了几次手？

师：如果是四位同学，每两位同学互相握手一次，共握手多少次？5位同学呢？6位呢？7位呢？8位呢？你发现了什么？咱们班有多少位同学？53位同学每两位同学互相握手一次，共握手多少次？

4. 多元评价

学生用手势评价。在活动中，觉得特别好的伸出两个大拇指高举头上，好的举得低一点，一般的就举得再低点；知识方面（画示意图、按顺序数、找规律）；积极思考方面；合作交流方面；心情；注意力；兴趣。

【设计意图】体现数学练习是好玩的，贴近生活，体现有用。

（四）课外延伸，活学活用

1. 做一做。完成课本第94页的菜地旅行。

2. 写一写。

搜一搜，生活中还有哪些地方可以用到"数图形的学问"？尝试去解决，并把它写下来。（如售货员把8把锁的8把钥匙全都弄乱了，要使每把锁都配上自己的钥匙，最多要试多少次？……）

【设计意图】目的是引导学生留心观察生活，感受生活中处处有数学。并把自己所发现的数学问题、解决数学问题的过程写下来，可以是数学日记，也可以是数学小论文。

以下是本节课的板书设计：

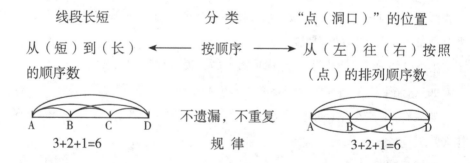

数图形的学问

线段长短　　　　　　　　分　类　　　　　　"点（洞口）"的位置

从（短）到（长） ◄——— 按顺序 ———► 从（左）往（右）按照
的顺序数　　　　　　　　　　　　　　　　　（点）的排列顺序数

不遗漏，不重复

$3+2+1=6$　　　　规　律　　　　$3+2+1=6$

我想，把"学"与"用"融合起来，让"数学好玩"变得更好玩，让我们的学生觉得学数学是一件好玩的事情。学生觉得好玩，学得又好又快，老师也会有成就感，更容易感受到数学老师上数学课也是一件好玩的事情。

第三节　以数学之神奇，悟数学之"好玩"

——以唐新敏老师执教的《神奇的三角尺》为例

　　唐新敏老师上的这节课是拓展型数学课，上课的对象是五年级的学生，以探索"常用的三角尺为什么要选定90°、60°、45°、30°"为主题，引导学生综合运用已学的量角器、三角尺、平行线、垂线、三角形内角和、人民币等知识，采用独立思考、小组合作、资料搜索等方式研究数学，体验数学知识与现实生活的联系，既是对所学知识的巩固与拓展，更是实践能力、空间观念、几何直观、创新意识的培养和数学文化的渗透。

　　三角尺本是极其常见的数学学习工具，习以为常的东西往往不会进行深入的思考，而笔者却在思考，三角形角的度数有那么多种，为什么偏偏选择了"90°、60°、45°、30°"，为什么其中有一个三角板却是等腰直角三角形的呢？带着这样的疑问，领着省级课题"基于核心素养的小学数学'数学好玩'的研究"课题组的兄弟姐妹开启了"神奇系列"研课活动，课题组小妹妹唐新敏老师承担了本次研课活动。下面以听唐新敏老师第三次上《神奇的三角尺》一课为例，阐述如何在数学综合与实践活动中培养学生核心素养。

一、"溯源"引主题，问题引"好奇"

　　唐老师这节课上课的地点是粤北山区县里的偏僻乡镇小学上的。在课前访谈中，学生对常见的三角尺是从哪里来的，为什么会发明"三角尺"这样的工具，到底有什么用？又是谁发明的等问题知之甚少，且从来没有去思考过这样的问题，对数学学习的印象还停留在做数学题的层面上。这更令我们觉得这次送教送"神奇的三角尺"是送对了，给孩子们打开一扇窗，换一个角度去看数学、学数学、研数学，知晓可以从追根溯源的角度去研究数学。

唐老师："同学们，欢迎来到我们的鲁班训练营。鲁班是谁呢？我们先一起来了解一下。"简单一句开场白后，学生观看小视频，唐老师为学生介绍三角尺的来源。

师：其实鲁班还有一大发明是能正确画出直角三角尺，也被称为班尺，它能告知工匠哪些尺寸是不规则的。随着时代的不断变迁，人们在使用三角尺的过程中不断地改善，就衍生出了现在常用的数学工具三角尺。

这样的设计，渗透着数学文化，学生体验的是三角尺产生、发展的简单过程，拓展学生的视野，激发探究兴趣。

紧接着，课件出示常用的三角尺。

师：常用三角尺的度数有哪些？

学生量一量后说出常用三角尺的度数，教师根据学生的回答板书：90°，60°，30°，45°。

师：为什么偏偏要选定这几个度数呢？到底有什么神奇之处？让我们跟着鲁班一起去探究吧！

板书课题：神奇的三角尺

通过让学生回忆、测量三角尺每个角的度数，使学生对一副三角尺中每个角的度数有了更清晰的认识。在学生进一步认识三角形每个角的度数后，教师适时设疑把学生的数学学习引向本节课的主题，同时也为研究奠定了一个好的基础。

二、"研学"绕主题，活动导"神奇"

课堂是学生的，在学生对问题充满探索欲望之际，教师创设了四个活动的机会，让学生围绕"神奇的三角尺"这一主题展开研究。为此，唐老师的课中给学生创造了制作三角尺、运用所制作的三角尺等四个活动。

活动一：自制三角尺。

师：为了能更好地探究常用三角尺为什么要选定90°，60°，30°，45°这几个度数，我们需要一些学具。同学们，今天我们也来制作一把三角尺。

接着出示活动要求：

（1）利用卡纸制作一把与现有不一样的三角尺，并给每个角标上度数（注意度数要用到整数）。

（2）用剪刀把你制作的三角尺剪下来（用剪刀时要注意安全）。

学生看清活动要求后以小组为单位开始动手操作。在学生动手操作的过程中，唐老师一直都没有停下来，一直陪伴着孩子们，每个小组她都给予了关注，时而加入他们的行列进行操作，时而对他们竖起大拇指，时而倾听小组内同学的发言，时而帮助有困难的同学。

学生制作三角尺后上讲台介绍自己制作的三角尺。当有些孩子拿着三角尺站在讲台上默默无语时，唐老师微笑着走到他的身边，温柔地对他说："可以告诉同学们，我制作的这把三角尺三个角的度数各是（　　　）度，另一把三角尺三个角的度数分别是（　　　）。"

这是一个非常有意义的活动，学生可以按自己的想法创造出理想中的三角尺。在画一画、剪一剪、量一量等活动中成为"三角尺"的创造者。他们收获的不仅仅是那一副副的三角尺，而是经历了一个制作尺子的过程，既培养了动手操作的能力，又培养了量感和创新意识。

活动二：应用自制三角尺

制作的三角尺有用吗？和常用的三角尺比起来，谁的优点多一些呢？唐老师趁热打铁，引导学生进入应用自制三角尺的环节。唐老师的导入是很有艺术的，她说："听，你们制作的三角尺不服气了，要来挑战常用三角尺的地位，谁赢了谁就是我们数学工具的成员，你觉得它们能挑战成功吗？我们一起去看看吧！"

童话式的过渡，让趣味性多一些，适合学生的年龄特点，把学生的数学研究热情点燃起来。接着教师设计了三轮大挑战，让学生在挑战中感悟"常用三角尺"的优点。

第一轮大挑战：画一组平行线和一组垂线

1.学生以4人小组为单位运用"自制三角尺"、常用三角尺画一组平行线。针对学生忘记怎么画平行线的问题，唐老师给出了"温馨提示"：用三角尺画平行线时，先画一条直线，靠紧三角尺的另一边放上另一把三角尺，使一把三角尺沿着第二把三角尺移动；沿三角尺的一边画出一条直线，这时所画直线就一定与已知直线平行。

师：看来，在画平行线方面，三副三角尺不相上下。它们一致认为继续比试画垂线。

2.学生以4人小组为单位运用"自制三角尺"、常用三角尺画一组垂线。在课中，许多学生忘记怎么画垂线，唐老师给予了提示：用三角尺画垂线时，也是先用一把三角尺画一条直线，三角尺的一条直角边紧贴在已知的直线上；沿另一条直角边画一条直线；标出直角符号，这样垂线就画好了。

学生通过实践操作后反馈，得出结论：有直角的三角尺，也可以画出一组垂线。没有直角的那副三角尺无论如何也画不了垂线，没有挑战成功。

教师：有直角的两副三角尺进入第二轮挑战了，我们先来看看第二轮的挑战内容是什么。

第二轮大挑战：用一副三角尺可以画出多少度的角？

教师：同学们猜猜，自制的直角三角尺能挑战成功吗？我们拭目以待吧。

学生小组合作交流后汇报，得出结论：

用一副常用的三角尺可以直接画出的角的度数有：90°，45°，30°，60°。

还可以画出以下这些度数的角：

$45° - 30° = 15°$；$60° - 45° = 15°$；$90° - 45° = 45°$；

$90° - 30° = 60°$；$90° - 60° = 30°$；$45° + 30° = 75°$；

$45° + 60° = 105°$；$45° + 90° = 135°$；$90° + 30° = 120°$；

$60° + 90° = 150°$；$90° + 90° = 180°$。

教师小结并引导学生交流得出：常用三角尺画出的角的度数都是15°的倍数。

而制作的直角三角尺可以画出的角的度数。

学生1汇报可以直接画出的角的度数：20°，70°，90°；还可以画出以下这些度数的角：35°，55°，90°；还可以画出其他度数的角有：$20° + 70° = 90°$……

我们把这三个角剪下来拼一拼，可以画出一个$30° + 45° + 90° = 165°$的角……

看来，比赛越来越激烈，也越来越有趣了。如今还是胜负难分，需要进入第三轮比赛。

第三轮大挑战：画正方形、等腰直角三角形、等边三角形。

学生以小组为单位动手操作，老师巡视指导。学生完成后汇报并得出结论：常用三角尺即使没有刻度，也可以画正方形、等腰直角三角形、等边三角形等（利用60°这个角我们可以作一个等边三角形，利用45°这把三角尺我们可以作一个等腰直角三角形，利用三角尺中的45°就可以画一个正方形）；而另一副三角尺却很难办到。看来，常用的三角尺略胜一筹。

通过三轮的大挑战，学生亲身经历了用自制三角尺和常用三角尺在画平行线和垂线、画确定度数的角、画正方形、等腰直角三角形、等边三角形等的过程，进一步内化了平行线、垂线、角的大小、正方形特点、等腰三角形特点、等边三角形特点等相关知识，渗透了寻找问题解决方案的方法，积累了解决问题的经验，培养了学生综合运用知识解决问题的能力。

三、拓展渗文化，视频现"神奇"

紧接着，唐新敏老师播放特殊角的三角函数视频，了解90°，60°，45°，30°是特殊的三角函数。

学生看完视频后，唐老师说："原来常用的三角尺要选定90°，60°，45°，30°这几个度数，跟它们的三角函数有很大关系，这将会在我们以后的学习中学到，有兴趣的同学也可以自己提前了解一下，这下常用三角尺锁定胜局，稳稳当当地保住了自己在数学工具的位置啦。"

此刻的学生，是不明白什么是三角函数的，播放视频的目的也不是让学生现在就弄明白什么是三角函数，更不是要求学生从这个角度去解决本节课研究的主题，为的只是在学生的心中播下一颗种子，让学生明白关于这个问题的解释可能还有很多种，路可能还有很多条，还可以继续去探索和研究。

四、延学重应用，生活显"神奇"

（一）从谁常用三角尺的角度出发体验三角尺的作用

同学们想想，在生活中有什么人最常用到三角尺？

学生1：学数学的人。

学生2：设计师。

学生3：画图纸的人。

……

唐老师：是啊，正因为有这副神奇的三角尺，所以不管是设计师还是我们的美术老师、数学老师、我们学数学的孩子都非常喜欢用这副三角尺。你看，它融合了如果你要拼度数、画特殊角，不用量角器，它可以组合出多种常用的角度；如果你要画平行线和垂线，它可以让你轻轻松松地画出标准的平行线和垂线；如果你想得到一些特殊的图形，它也能够帮助你很快地实现，这副三角尺是多么的神奇啊！

让数学贴近学生的身边，变得可亲可敬，让数学的作用凸显出来，体现学习数学的价值，让数学的"根"展现出来，凸显数学的神奇。

（二）从人民币沿用的角度出发体验三角尺的作用

唐老师：常用的三角尺一直沿用至今，生活中还有这样的现象吗？

学生发表看法后，唐老师说："同学们，原来，常用的三角尺一直沿用至今，是有着一身好本领的。正如人民币选用的是1元、5元、10元、20元、50元、100元的道理相似。也许，还有许多神奇之处暂时没有被现在的我们发现，但也许会被未来的你发现。请大家继续去研究，也许你会发现数学王国里更多的神奇。"

唐新敏老师上的这节课，选取的素材是学生熟悉而又容易被忽略的数学问题，三角形角的度数有那么多种，为什么偏偏选择了"90°，60°，45°，30°"？为什么有一个三角板是等腰直角三角形的呢？学生在研究这些问题的过程中，需要综合运用所学的知识来解决问题，需要同伴间的相互合作，有思考、有操作、有比较、有概括。实际上，学生在这节课上最大的收获还有引发他们的观察和思考习以为常的东西背后的数学问题和价值，如圆规、纸币、硬币、卷尺、衣服、飞机、汽车……为什么要设计成这个样子，一定要设计成这个样子吗？为什么？引发学生看到什么就会有意识地思考和提出问题，尝试通过独立探索、同伴合作等方式去寻求答案，尝试通过画一画、量一量、比一比等多种方法去动手操作，从操作中解决问题。这样利用培养学生用数学的眼光观察世界，用数学的语言描述现实世界，用数学的思维思考世界这"三会"。

今天的这节课是在粤北山区一个非常偏僻的乡村小学上的，意义显得更为重大。这些孩子极少上这样的数学课。其实，在许多人的眼里，三角尺是习以为常的，有什么好研究的。当然，在这节课里，学生的研究成果和结论都不是非常的全面和严谨的，但却在他们的心里播下了发现问题和研究数学问题的种子，播下了数学神奇的种子。

第四节　挖掘生活资源　学生活数学

——以《图形的放缩》为例

生活当中处处有数学，如何挖掘生活资源，使学生学"生活数学"呢？下面以《图形的放缩》一课为例谈谈笔者的一些做法。

一、研读教材定明细，选对方法搭好桥

《图形的放缩》是北师大版小学数学课本六年级下册第35～37页的内容。是在学生学习了变化的量、正比例和反比例、观察与探究等知识的基础上进行学习的，是后继学习比例尺的有关知识的基础，在本单元乃至整个小学阶段的知识结构中占有非常重要的作用。

根据学生的年龄特点、知识水平确定教学目标是通过观察、操作、思考、交流等活动，体会图形按相同的比扩大或缩小的实际意义，这也是本节课的教学重点和难点；结合具体情境，使学生在研究图形的放缩过程中，初步感受图形的相似；结合具体情境，初步感受学习比例尺的必要性。

需要做好以下教学准备：贺卡图片、作业纸、尺子、方格纸、水彩笔、多媒体教学平台和课件。

为突出学生的学，本课主要采用引探教学法、情境教学法、愉快教学法等，把静态的数学知识转化为学生动态的探索过程。利用试学导航引导学生自学课本，学生可以和父母讨论，可以上网查阅资料，可以读书看报，可以自己动手做实验……通过试学导航，培养学生自学能力和动手操作能力，让学生学会学习。课中引导学生小组合作、动手操作，通过自身的努力和同伴互助来探索新知识。学生在老师的引导下学习新知识，课前收集资料、阅读课文，实现

未教先学；课中通过动手操作、小组讨论参与知识的形成过程，主要采用观察、比较、分析、概括、画、折等方法进行学习，在探索的过程中感悟数学魅力。

二、生活资源来应用，突出自主上好课

整节课重复挖掘学生身边的素材，使之成为课堂教学中学生的学习资源，努力体现学"生活数学"的特点。主要有以下教学程序。

（一）数学竞赛，奖励"笑脸"，如沐春风

教师边说边投影出示课题：笑脸多多，欢乐开怀——比比谁的笑脸多。

（1）每答对一个问题，就画一个笑脸奖励给自己；

（2）以组为单位回答问题，每答对一个问题，本组组员每人加一个笑脸。

课开始举行竞赛，适合小学生的年龄特点，为他们所喜爱，且以画笑脸奖励自己，更是给孩子一种愉悦之感，传递着温暖和幸福，开心的画面感满满的，如沐春风。

（二）展示照片，欣赏"笑脸"，引出问题

师：笑脸多多，欢乐开怀，笑，它带给我们的是很多愉悦与欢畅的心情，犹如灿烂的阳光，又如黑夜的火把，让光明和温暖穿越冷漠的空间，传递着一腔热情、一份关怀、一份温暖……

看，这是谁的笑脸？

播放本班学生的照片，请学生说出照片中的人物是谁。播放次序依次是：极小、很小、稍小、稍大、非常大。照片中的人物逐渐被看清了。

思考：为什么原来看不清，现在看清楚了呢？

师：如果要画我们校园的平面图，就得按一定的比例缩小（投影出示阳山县实验小学校园平面图）。

师：生活中有很多缩小和放大的现象，今天我们就一起来研究图形的放大与缩小（板书课题：图形的放缩）。

（三）展示资源，探究新知，解决问题

这一教学过程特别关注学生的"学"，尽量放手让学生去完成，既有个体的独立思考，也有同伴间的互助，教师密切留意学生的表现，适时适地适量给予点拨。

1. 以小组为单位交流试学导航

投影出示温馨提示：时间3分钟；关键要把自己的想法说给同学听；小组内的同学要分工合作，提高合作效率。

投影出示"试学导航"：

（1）比一比：（自学课本第35页）

① 笑笑、淘气和小斌在方格纸上画的贺卡示意图。谁画得像呢？

② 他们是怎么画的？

表7-4-1 贺卡表

姓名	所画的贺卡示意图			原贺卡		
	长（cm）	宽（cm）	长与宽的比	长（cm）	宽（cm）	长与宽的比
笑笑						
淘气						
小斌						

（2）想一想：怎样才能画得像？

（3）说一说：生活中有哪些现象把物体放大？有哪些现象把物体缩小？

学生以小组为单位进行交流，教师巡视参与。

2. 以小组为单位汇报试学导航

学生讨论结束后，让学生以小组为单位逐一出示问题进行汇报。

所画图长和宽的比等于原图长和宽的比，即长和宽扩大或缩小相同的倍数。

所画图与原图形状相同，但比原图形状小就是原图的缩小图。

所画图与原图形状相同，但比原图形状大就是原图的放大图。

（四）注重实践，内化新知

1. 说一说

（1）把第一幅图的长和宽都放大到原来的2倍，放大后的长方形和原来长方形对应边长的比是（　　　　），这就是把原来的长方形按（　　　　）的比放大。

（2）把第一幅图的长和宽都缩小到原来的（　　　　），缩小后的长方形和原来长方形对应边长的比是（　　　　），这就是把原来的长方形按（　　　　）的比缩小。

2. 比一比

（1）如图7-4-1所示，哪个是图形A按2：1放大后得到的图形。

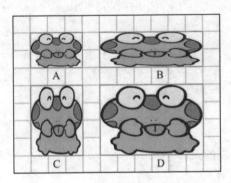

图7-4-1　青蛙参考图

（2）下面哪个是图形A按1：2缩小后得到的图形。（图略）

3. 选一选

（1）把一个图形的每条边放大到原来的4倍，放大后的图形与原来图形对应边长的比是（　　　）。

①1：4　　②4：1　　③2：1

（2）把一个边长5厘米的正方形按2：1的比放大后，边长是（　　　）厘米。

①10　　②2.5　　③15

（3）把一个长6厘米、宽3厘米的长方形的长和宽都缩小到原来的$\frac{2}{3}$，缩小后的图形的周长是（　　　）。

①18厘米　　②2厘米　　③12厘米

4. 辨一辨

（1）如图7-4-2所示，两个图形第一个图形是由第二个图形放大得到的。（　　　）

图7-4-2　圆形参考图

（2）用10倍放大镜观看三角尺上的直角，看到的角的度数扩大到原来的10倍。（ ）

（3）如图7-4-3所示，图A缩小后能得到图B。（ ）

图7-4-3 四角星参考图

5. 画一画——可爱的笑脸

课本第36页的练习。

练习题的选择也是尽可能"生活化"，让学生与数学的接触亲密些。

（五）活动小结，评价升华

（1）数一数，你夺得了多少个笑脸？

（2）这节课你有什么收获？

恭喜同学们获得了那么多的笑脸，让这些笑脸永远留在我们的心中，让我们微笑面对困难，走好人生的每一步。

此处回应了开头，又培养了学生归纳总结和评价反思的能力。

（六）课外延伸，拓展新知

（1）必做题：三级训练第15页第三题。

（2）下列各题可以任选一题，也可以完成两题。

① 图形（或物体的图像）的放大与缩小是生活中常见的现象，日常生活中有哪些地方会应用到图形放缩的知识呢？

② 在放大镜下，正方体的棱长是原来的三倍。在这个放大镜下，正方体的表面积是原来的多少倍？正方体的体积是原来的多少倍？

师：下课后请同学们到生活中继续去体验生活中图形的放大与缩小。

学生的数学学习是充满了生活味的，没有陌生感，没有枯燥感，没有束缚感，愉悦而收获满满。"三会"如春风化雨般融入课中，润泽着学生的心。

第五节 营造氛围 自主合作

——以《圆的面积》说课设计为例

《义务教育新课程标准（2022年版）》指出：有效的数学活动不能单纯地依赖模仿与记忆，动手实践、自主探索与合作交流是学生学习数学的重要方式。基于这一基本理念，为学生营造民主和谐的教学氛围，引导学生通过迁移类推、讨论、合作交流而亲历知识的产生过程。《圆的面积》一课正是如此。

《圆的面积》是小学数学《圆》中的一个重要内容，各个版本的教材都有。它是在学生学过了直线图形如长方形、正方形、平行四边形、三角形、梯形的认识和面积计算，以及圆的初步认识的基础上进行教学的。学生从学习直线图形到曲线图形的知识，不论是内容本身还是研究问题的方法，都有所变化。教材通过对圆的研究，使学生初步认识到研究曲线图形的基本方法，同时也渗透了曲线图形与直线图形的关系，而且这部分内容还是后继学习环形的面积、圆柱的表面积和体积以及圆锥的体积的基础，在小学数学领域占有非常重要的地位。

根据教材的特点与学生的实际情况确定教学目的如下：使学生理解圆面积的含义，理解圆面积计算公式的推导过程，掌握圆面积的计算公式；培养学生几何直观、空间观念、抽象概括的能力，运用所学知识解决简单实际问题的能力；渗透转化的数学思想。把"圆面积的含义和圆面积的推导过程"作为教学重点。把"理解圆的周长和半径与转化后近似长方形的长和宽的关系"作为教学难点。把"引导学生通过动手操作、小组合作与交流探索出圆的面积计算方法"作为教学关键。

在教学中，为了更好地经历圆面积公式的产生过程，师生需要准备被等分成16份的圆,主要采用情境教学法、实验操作法、引导探究法、观察讨论法,并结合本节课的实际,借助多媒体辅助教学,创设情境,鼓励学生提出问题,大胆猜想,在各种探究活动中解决问题。

众所周知,学法是教法的支撑点,没有学法指导,就没有学生主体地位,学生也不能主动参与教学过程。因此,在教学中不仅要注重教法研究,更要重视学法指导。本课主要采用自主探究法、实验操作法、小组合作等多种学习方法,引导学生充分发挥手、脑、眼的功能,把未知的问题转化成已知的问题,放手让学生去操作、实验;把圆分割成若干等份,再拼成学过的平面图形,然后由相应的图形面积推导出圆面积的计算公式。

一、课始分享——复习旧知

《义务教育新课程标准(2022年版)》指出:有效的数学活动不能单纯地依赖模仿与记忆,动手实践、自主探索与合作交流是学生学习数学的重要方式。基于这一基本理念,为学生营造民主和谐的教学氛围,引导学生通过迁移类推、讨论、合作交流而亲历知识的产生过程。

由一名学生当小主持人主持以下两道题的解答,既复习了旧知,又培养了小主持人的表达能力。

1. 已知r,周长的一半怎样求?

2. 用手中的三角板拼三角形、长方形、正方形、平行四边形等,并说出这些图形的面积计算公式。

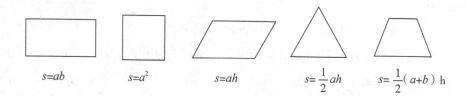

$s=ab$　　　　$s=a^2$　　　　$s=ah$　　　　$s=\dfrac{1}{2}ah$　　　　$s=\dfrac{1}{2}(a+b)h$

二、课中研学——探究新知

(一)独立研究

1. 出示问题:什么是圆的面积?

2.学生摸一摸圆形纸片。

3.得出结论：圆所占平面大小叫作圆的面积。

（二）小组学习

1.出示问题：圆的面积公式是怎样的？请推导出来，可以借助学具进行操作。

2.小组合作。

（三）全班汇报

1.学生演示：将等分成16份的圆展开（见图7-5-1），可拼成一个什么样的图形？

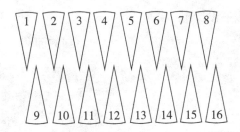

图7-5-1 图形图

2.学生找出拼出的图形与圆的周长和半径有什么关系，并推导圆的面积公式。

圆的半径＝长方形的宽

圆的周长的一半＝长方形的长

长方形面积＝长 × 宽

所以：圆的面积＝圆的周长的一半 × 圆的半径

$$S = \pi r \times r$$

$$S= \pi r \times r = \pi r^2$$

3.你还能用其他方法推算出圆的面积公式吗？

（1）将圆16等分，取其中一份，看作一个近似的三角形。

（2）将圆16等分，取其中两份，可以拼成一个近似的平行四边形。

4.教学例题：出示例题，学生尝试练习，两人板演后由全班学生评议，实现学生互帮互学。

紧接着就是巩固拓展、相互评价和课外延伸等活动，在此不再详细展示。重点阐述新知的引入和探究这两个部分的一些做法。教案关于这一部分的留白是比较多的，表述也比较简洁，关键是教师在上课的过程中要关注学生是否自主学习，有没有给学生营造自主学习的氛围，有没有把合作学习的时间和空间腾出来，有没有把教师演示的位置和计划让出来，如果"有"，才会有学生真正的"自主合作"，让每一位学生通过实验，通过推理，通过举例子等方法得到圆的面积计算公式。实际上我在上这节课的时候，是充分放手的，让学生做实验、说实验、用实验、辩实验，而我很多时候只是一名相对睿智的"观众"，适当地"客串"一下，很受学生的欢迎，学生也给我许多的惊喜，特别是他们推导圆面积公式的方法也是很多的，很好地运用了"转化"的方法。

【板书设计】

圆的面积

$$S = \pi r \times r$$

$$S = \pi r \times r = \pi r^2$$

$$S = \pi r^2$$

第六节 奏响数学与生活的和谐之音

——以《成员间的关系》为例

小学生对数学的理解很多时候需要借助图形，数与形的结合能够起到解释的作用，这种解释往往一目了然。但对于部分小学生来说，却往往是不够的，需要把数学变得与学生亲近些，这样，学习的热情相对会高一些，学习的难度相对会降低些。数学学困生尤其如此。实践表明，在课中奏响数学与生活的和谐之音是提高学生学习效果的关键。

一、定方向，体现依纲靠本

细细研读课本、教师教学用书和新课程标准是教师上好课的前提。"成员间的关系"一课是小学阶段很重要的基础知识之一，在本单元乃至整个小学阶段的数学教学中占有非常重要的地位。根据教材特点和学生的实际情况确定本节课的教学目标、教学重点、难点和教学关键如下。

【教学目标】

（1）在具体情境中，体会图对刻画事物或数之间的关系的作用，能分析一些简单的关系。

（2）发展有条理思考和表达的能力。

（3）让学生经历"从具体的事物到符号化表示"这一过程，发展其符号感，并会运用符号解决实际问题和数学本身的问题。

（4）对学生进行适当的感恩教育。

【教学重点】

用图刻画事物或数之间的关系。

【教学难点】

分析一些简单的关系。

【教具学具】

课件、试学导航。

接着，引导学生收集与本节课相关的学习资源，特别是生活中与"成员间的关系"有关的数学问题、数学信息等，力求使抽象的数学知识变得贴近学生的生活实际，变得容易被学生理解，变得富有趣味性，使课堂教学资源更丰富。

二、定教法，体现以学定教

《义务教育数学课程标准（2022年版）》指出：有效的数学活动不能单纯地依赖模仿与记忆，动手实践、自主探索与合作交流是学生学习数学的重要方式。基于这一基本理念，本课以"动手实践、自主探索、合作交流"为学习方式，以"激趣—探究—应用—延伸"为基本的教学结构。把课本上静态的数学知识转变为学生动态的探索过程。为学生营造民主和谐的教学氛围，突出学生的自主探究，使学生亲历"做数学"的过程。

三、定学法，体现方法渗透

学生在课前通过试学导航独立自学，课中采用分析、比较、抽象、概括等方法探索新知识；通过动手操作、观察、思考、推理、讨论、合作交流，自己想办法探究成员之间关系的知识，并运用多媒体课件加强教学的直观性、形象性、趣味性和实效性。

四、定程序，体现主动探索

教学程序是教师引导学生主动探索的关键。每一个环节的确定都要根据教学目标、教学重点和难点、教学关键以及学生的学习情况来确定，力求做到最好。可以遵循课开始，兴趣油然而生；课中间，研究热情高涨；课结束，探索没有停止。

（一）播放歌曲，激趣引入

良好的开头是成功的一半。要想学生喜欢数学，觉得数学好玩，在课开始就要想方设法激发学生的学习兴趣。为此，设计以歌曲引入的环节：

师：上课前让我们一起来听一首歌。（播放家庭礼貌称呼歌：爸爸的爸爸叫什么，爸爸的爸爸叫爷爷……）

师：我们每个人的成长都得到了很多人的关心和爱护，包括我们的亲人，请介绍一下你的家里都有哪些家庭成员，并说一说你的家庭成员之间的关系。

有什么方法可以清晰地体现家庭成员之间的关系？这节课我们就来学习：成员间的关系（板书课题）。

课开始，以歌曲自然地引入新课，使学生感悟歌中藏数学，普通的家庭成员之间的关系也是数学问题，激起学生学习数学的热情，初步感悟数学就在我们的身边，数学是好玩的。

（二）以生为本，探究新知

数学要好玩，需要打通数学与生活的通道，引导学生通过想一想、画一画、说一说、做一做等方式参与新知的探究过程，在这个过程中感悟数学来源于生活，只要做个有心人，去观察和思考，就会发现越来越多有意思的数学信息和问题，感悟数学简洁美，体验数学的价值。

1. 交流试学导航

自学课本第84页，看小冬家祖孙三代的情况图，先独立思考再小组交流下列问题：

（1）小冬和小丽是什么关系？

（2）还可以怎样简明扼要地表现出你的家庭成员之间的关系？用字母来表示什么合适呢？用带箭头的线来表示什么合适呢？

（3）试用字母和带箭头的线来画图。

2. 汇报试学导航

（1）以小组为单位汇报试学导航。

（2）看图提出问题并解决所提出的问题，如：G、F分别代表的是谁？A—B表示什么？

在这个环节中，本课的重点和难点潜藏于问题中，学生通过自学课本，思考、交流和汇报相应的问题，通过学生自身的努力来学习新知识，习得新方法，积累新经验。这一环节的关键是教师能够放手让学生去研究，让学生在交流中产生思维碰撞，碰出智慧的火花。

（三）注重实践，内化新知

为了巩固所学的知识，设计了以下三道练习题，按照惯例，可以让学生按部就班逐一练习即可，这样做往往是略显枯燥的。作为一名小学教师，任何时候都要谨记从小学生的特点出发，尽己所能让学生的学习特别是练习没有那么枯燥，变得有趣些。为此，可以加上一些"教学调料"，让这个练习变得好玩些，例如，变成学生闯关的形式去进行。而且，还让学生当小主持人来主持这个闯关活动。就像煲老火汤，掌握了火候，加入了"和味"的各种食材，做出的汤味道自然就更鲜美了。

1. 填空小高手

如果F表示你，那么

（1）G代表（　　），A代表（　　）；

（2）A ——→ C的关系是（　　　　）。

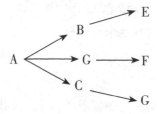

2. 数学小医师

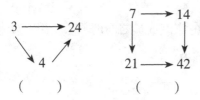

3. 画图小画家

（1）课本第85页"试一试"第1题（鼓励学生理解图意，必要时可以借助具体的人物帮助理解。带箭头的线是临时规定的一种符号标志，在不同的情境中代表的意义并不相同）。

有不明白的地方吗？

那谁来说说你是怎样想的？

组织交流时明确：箭头从D指向C，C是D的姐姐，可以推知，C是E的姐姐，E是D的姐姐。C是D、E的姐姐，所以C最大。

（2）课本第85页"试一试"第2题。

（3）用图简明扼要地表现出你的家庭成员之间的关系。

（4）用图表示出6，12，24，48之间的倍数关系。

（四）评价总结，升华新知

请学生说说自己或者同学学了些什么，学得怎么样，有哪些方面是表现得好的，有哪些是需要改进的。引导学生不仅从知识层面上进行自我评价和互评，也从自己和同学在专注度、发言积极性、是否能与同学合作、坐姿等各个方面进行评价。培养学生的反思能力和批判性思维能力。

（五）课外延伸，拓展新知

找一找：生活中还有类似成员间关系的例子吗？请你用图表示出来。

综观整节课，非常的简洁清晰，课开始以简单的"播放歌曲"引入，以生活中常见的"家庭成员间的关系"引入新课，把生活与数学联系起来，激发学生的好奇心和求知欲，营造好的探索氛围，打开学生的"话匣子"。在课中，教师把学习的主动权真正地交给学生，放手让学生自己去发现问题和解决问题，学生是课堂的主角。学生们在收集和整理数学信息的过程中深刻地体验到生活当中处处有数学，数学源于生活，用于生活，使相对抽象的数学知识变得生动有趣，被学生所喜爱。课外延伸也是如此，把学生的数学眼光由课内引向课外，由文本引向生活，给学生创造了一个再次探寻数学与生活联系的机会，感悟数学的价值魅力，培养学生的核心素养。

教师在营造一种研究的氛围，这种氛围里的课堂，学生们能够畅谈自己的发现，交流解决问题的看法，闪耀着思维的火花，体验着生活与数学的紧密联系，感悟数学的价值魅力，奏响了数学与生活的和谐之音。

第七节　引导学生自主学习
提高课堂教学实效

——以《确定位置（一）说课设计》为例

一、纵横联系，说教材

《确定位置（一）》是北师大版教材小学数学四年级上册第80页至第81页的内容。这部分内容是在学生已经学习了前后、上下、左右、东、西、南、北、东南、东北、西南、西北方向等表示物体具体位置的知识，会描述简单的路线图的基础上进行教学的，这些知识为学生进一步认识物体在空间的具体位置打下了基础。用数对确定位置是后续学习根据方向和距离确定物体位置的方法的基础，也是认识坐标系、数轴等知识的关键。根据学生的知识水平和年纪特点等确定教学目标如下。

【教学目标】

（1）能在具体的情境中，探索确定位置的方法，说出某一物体的位置。

（2）能在方格纸上用"数对"确定位置。

（3）让学生在探索知识的过程中发展空间观念，培养学生的自主学习能力、合作学习能力和创新意识。

（4）通过具体情境的导入，引导学生自主探究确定位置的方法；通过师生互动，使学生掌握用"数对"确定位置的方法；通过形式多样的练习，让学生在学习过程中发展空间观念。

（5）感受确定位置的丰富现实背景，培养学生愿意交流合作，感受数学来源于生活。了解数学文化，鼓励学生向数学家学习。

【教学重点】

探究确定位置的方法，认识"数对"；培养学生的自主学习能力。

【教学难点】

能在方格纸上用"数对"确定位置。

【教学准备】

课件、方格纸、竞赛表。

二、灵活多样，说教法

本课主要采用引探教学法、情境教学法、愉快教学法等，把静态的数学知识转化为学生动态的探索过程，引导学生亲历新知识的再生过程。利用"小研究"引导学生自学课本，使学生懂得怎样学习，实现自主学习。通过课堂生成资源的开发与利用，引导学生自主探索，培养学生的自主学习能力、自学能力、动手操作能力、合作学习能力和创新意识，培养学生良好的学习习惯，激发学生的学习兴趣，使学生会学、善学、乐学、勤学。

三、以生为本，说学法

学生在老师的引导下学习新知识，以"试学导航"为导向实现自主学习，以"交流"促进自主学习，以"汇报"共享自主学习成果。学生主要采用观察、比较、分析、概括、讨论、交流等方法进行学习。

四、突出自主，说程序

（一）图片引入，激趣引新

出示图片，教师问："他是谁？"学生发表看法后教师说："他是法国著名的数学家、哲学家、物理学家、生理学家。这节课学习的知识就是他发明的。在生活中，我们会遇到很多数学问题，去看电影、坐车的时候应该坐在哪里；科学家怎么那么厉害，在茫茫太空中，可以让神舟飞船顺利与天宫一号对接；在军事上，大炮的发射怎么可以那么准确。这节课就让我们像笛卡儿那样，一起来探索确定位置的方法。"出示课题：确定位置——探索确定位置的方法。

这样的设计，以数学家笛卡儿的图片引入，拓宽学生的知识面，为学生树立学习的榜样，把数学与生活联系起来，使学生初步感悟数学的价值之美。

（二）自主探索，学习新知

1. 小组讨论"试学导航"

先独立思考，再以小组为单位讨论下列问题：

（1）请用你喜欢的方法（如画图、数字、语言或符号）告诉听课的老师我们班班长的位置在哪里。

（2）自学课本第80页，思考下列问题：

① 小青的座位在哪里？

② 小敏的位置是（　，　），小华的位置是（　，　）。

③（1，4）表示的位置是第　　组第　　个，

　　（4，3）表示的位置是第　　组第　　个。

（3）列数从（　　）往（　　）数，行数从（　　）往（　　）数。

（4）用"数对"表示物体的位置时，第1个数表示（　　），第2个数表示（　　）。

（5）写"数对"时，（　　）在前，（　　）在后，中间加（　　），外边加（　　）。

这样的设计，把整节课的重点、难点蕴含其中，引导学生进行自学，适合四年级小学生的年龄特点和知识水平。有了"小研究"，学生就知道应该怎样自学，从而提高学习效率。

2. 汇报"试学导航"

（1）汇报问题1。

（2）汇报问题2。

小敏同学的位置也可以怎样简洁地表示？小华呢？你还可以简洁地表示出哪位同学的位置？

思考：在方格纸上用"数对"确定物体的位置，先找出"数对"表示的是（第几列），（第几行），然后在列数与行数相交处描点，表示为（列数，行数）。

得出结论后，教师边板书（3，2），边说：列数在前，行数在后，中间加逗号，外边加小括号。

我的位置是（　，　），同桌的位置是（　，　）。

（3）汇报问题3。

（4）汇报问题4。

（5）汇报问题5。

放手让学生汇报自己的研究成果，在相互的交流与评议中得出结论，体验成功的喜悦。

（6）释疑。

这个环节的设计，目的在于让学生反思自己的学习过程，及时捕捉薄弱之处，及时处理。期待学生养成"反思"自己学习的好习惯，及时发现自己的优点和不足，使查漏补缺更及时。

（7）课堂游戏。

① "听口令起立"游戏

师说"数对"，生起立。（3，1）（3，2）（3，3）（3，4）（3，5）（3，6）（3，7）

问：为什么都是这列同学起立？你能说些"数对"让同一行的同学站起立吗？

一名学生说"数对"，相对应的学生起立。

② "猜朋友"游戏

生说"数对"，其他学生猜他的好朋友是谁。

请你用今天学习的知识告诉听课的老师，班长的位置在哪里。

生动有趣且又取材于学生身边的游戏，学生们喜爱极了，课堂成了欢乐的海洋、智慧闪耀的殿堂。

（三）注重实践，内化新知

练习的设计形式多样，内容丰富，有着浓厚的生活气息，并且把数学学科与自然科学、体育学科、地理学科、美术学科等合理结合起来，如同为数学课堂注入了美妙的旋律，令人爱不释手。

1. 填一填

（1）用数对表示物体的位置，要先确定（　　　），再确定（　　　）。

（2）小军坐在教室的第3列第4行，用（3，4）表示，小红坐在第1列第6行，用（　　　）表示，用（　　　）表示的同学坐在第（　　　）列第（　　　）行。

2. 选一选

（1）列数从（　　）往（　　）数；行数从（　　）往（　　）数。

①前　②左　③后　④右

（2）小云坐在教室的第9列第2行，用（　　）表示。

①（2，9）②9，2　③（9 2）　④（9，2）

3. 写一写

照样子写出图中（见图7-7-1）字母的位置。A（5，8）　B（　，　）C（　，　）　D（　，　）。

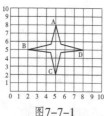

图7-7-1

图7-7-2

图7-7-3

图7-7-4

4. 说一说

（1）课本第81页"练一练"的第1题。

（2）用"数对"表示棋子的位置（见图7-7-2）。

（3）用"数对"表示棋子移动后所在的位置（见图7-7-3）。

（4）用"数对"表示图片的位置（见图7-7-4）。

5. 找一找

帮动物找家（见图7-7-4）。

6. 描一描

描出下列各点并依次连成封闭图形，看看是什么图形。A（5，9）B（2，1）C（9，6）D（1，6）E（8，1）（图略）

7. 摆一摆

课本第81页"练一练"的第2题。

8. 画一画

课本第81页"练一练"的第2题。

9. 读一读

"数对"是笛卡儿发明的。有了"数对"，我们就能很容易表示出某一点的位置。"数对"能表示二维空间（长，宽），三维空间（长，宽，高）或四维空间（长，宽，高，时间），世界上的所有点都可以用"数对"表示，"数对"给我们的生活带来了极大的方便。

有了"数对"，可以确定影剧院、客车的座位。

围棋产生于我国，已经有两千多年的历史了，现在围棋盘上分别用1至19和一至十九路命名横线和纵线，可以确定棋子的位置。

在地球仪上有横线和竖线，连接两极点的竖线叫经线，垂直于经线的横线圈叫纬线。根据经纬线可以确定地球上任何一点的正确位置，如北京在北纬40°，东经116°。

神舟八号飞船与天宫一号在空中的准确对接离不开"数对"。

有了"数对"，可以确定返回舱的落点。

大炮之所以能准确命中目标，不仅仅是利用"数对"的知识，还利用了下节课要学习的方向与距离等方面的知识……

"读一读"的设计还为后续的学习埋下伏笔，使学生意犹未尽，从而提高课堂实效。

（四）全课小结，多元评价

这节课你学习了什么知识？怎样学？学得怎么样？同学或老师的表现如何？

（五）巩固延伸，拓展新知

1. 写一写

写一篇数学日记。可以写你这节课学习了什么，学得怎么样，也可以写"数对"在生活中有什么作用，还可以写数学家笛卡儿的故事……

2. 玩一玩

和爸爸妈妈或者同学玩课本第82页的"连棋子"和"寻找秘密点"两个游戏。

课后作业的设计突出了趣味性和实践性，实现让学生在玩中学，在学中玩，进一步提高学生的学习兴趣。

五、回顾总结，说反思

1. 突出简洁美观，提高实效性

板书设计美观整洁，使人一目了然，印象深刻。

【板书设计】

用"数对"确定位置

第几列　第几行

（3　，　2）

（列数，行数）

从左往右数　　从前往后数

2. 突出自主学习，提高课堂实效

在课堂中，教师能充分解放学生的大脑、手脚和嘴巴，放手让学生去自学、去交流、去讨论、去辩论。知识的学习是学生通过自己的努力而得到的，教师只是引导学生去学习，适时帮助和鼓励学生，使学生充满自信地走在探索新知识的道路上，去克服一个又一个的困难，攻破一个又一个的数学难题。

3. 善用生成资源，提高课堂实效

在课堂教学中，能善于用好生成性资源，提高课堂教学效率。

4. 活用生活资源，提高课堂实效

在课堂教学中运用游戏，使数学与学生的生活紧密联系起来，生动有趣。

5. 注重知识联系，为未来铺垫

注重引导学生理解知识的来龙去脉，谁发明的？怎么发明的？有什么作用？以后还会学习到哪些相关的知识？让学生感受数学海洋的浩瀚，数学知识所蕴含的丰富文化气息，树立学习的榜样，激发学习数学的热情。

但这节课依然有许多的不足之处：如有些生成性资源还用得不够好；练习题量过多，最好能减少三道题，这样时间的分布就更合理了；象棋环节应该说一说标准的象棋位置表示方式。这都有待日后进一步改正。

第八节 模拟焦点访谈 开心学习数学

——以《百分数的认识》说课设计为例

一、纵横联系，说教材

《百分数的认识》是北师大版小学数学五年级下册第六单元《百分数》第一课时的内容，是学生在学习了整数的认识、小数的认识特别是分数的认识、通分的方法与技能的基础上学习的，对于丰富学生的数感以及后续学习百分数的应用有重要作用。

教材中安排了"派谁去罚点球"以及"哪个品种的发芽情况最好"两个主题情境，让学生初步感知百分数产生的必要性和重要性，然后通过多层次的练习让学生丰富对这一概念的认知，其主导思想是让学生进一步感悟数学与生活的关系：数学来源于生活，生活中处处有数学。

根据教材的特点、课题研究的重点和学生的实际情况确定教学目标、重点、难点和教学关键如下。

【教学目标】

知识与能力目标：

（1）认识百分数，理解百分数的意义；能正确地读、写百分数；能运用百分数表示事物。

（2）通过百分数概念的教学，培养学生的比较、分析、综合的能力，发展应用意识；培养学生勇于尝试、善于探索、多角度思考等自主性学习习惯，提高学生的自主学习能力、实践能力、团结协作能力、开发与利用学习资源的能力。

（3）经历从实际情境中抽象出百分数的过程，体会引入百分数的必要性；

以试学导航引导学生去开发与利用学习资源，提高学生的自学能力。

（4）感受数学在现实生活中的应用价值，体会数学学习中的乐趣；渗透爱祖国和环保教育。

【教学重点】

理解百分数的意义，能正确地读、写百分数。

【教学难点】

（1）理解百分数的意义，百分数与分数的联系和区别。

（2）培养学生的自主学习能力、实践能力、开发与利用数学学习资源的能力。

【教学关键】

经历从实际情境中抽象出百分数的过程。

【教学准备】

课件、多媒体教学平台、试学导航。

二、灵活多样，说教法

主要采用情境教学法、引导探究法、观察讨论法，并借助多媒体辅助教学，增加教学容量，增强教学的直观性、形象性、趣味性和实践性。

三、以生为本，说学法

授之以"鱼"不如授之以"渔"，我们培养的应该是善于学习的人，因此，我非常重视渗透学法指导，主要采用自主探究法、实践操作法、小组合作法等多种学习方法，引导学生充分利用生活资源，放手让学生去收集生活中的百分数，在实际情境中抽象出百分数，理解百分数的意义，体会引入百分数的必要性。

课前：学生进行访谈准备，目的是引导学生发现生活中的数学问题，并想办法解决数学问题，引导学生开发与利用生活中的数学资源，体验数学与生活的紧密联系。实现"未教先学"，逐渐达到的目的是："不教自己也会学，能学会。"

课中：以小组为单位轮流当主持人进行数学问题互访，使学生成为新知识重现过程中的主角。教师提供机会让学生发表自己的看法。

课后：聚焦课外，让学生带着问题走出课堂，走进生活，继续发现和解决身边的数学问题。

（1）做三道练习。

课本第92页至第93页第1、2、3题。

（2）写一篇周记。

请和爸爸妈妈分享你收集到的百分数，交流每个百分数所表示的意义是什么，并找出小于、大于、等于100%百分数。写一篇数学周记。

（3）做一个访谈：扮演主持人访问长辈：百分数有什么作用？

统计分数，确定哪个队得冠军。引导学生回答：现在每组的分数是底分的百分之几？

四、多元活动，说程序

（一）竞赛引入（3分钟）

师：今天，《数学焦点访谈》节目和大家见面了，我是主持人赖宁静，大家可以叫我的艺名静静雨柔。下面我们先来个比赛：每组一题，哪个组答得又对又快，哪个组就获胜，答题时间不超过6秒。

投影出示：哪杯糖水比较甜？（题目略）

出示板书：分母相同，便于比较。

师：这里出现了什么数？（百分数）这节课我们就来学习（板书课题）百分数的认识。

【设计意图】以竞赛活动引入，引发"玩"数学的感觉。

（二）探究新知（18分钟）

数学问题互访（3分钟）：

师：下面请小组内的同学轮流当主持人。主持人负责向嘉宾进行有关"百分数认识"这部分知识的访谈。内容可以参照"访谈准备"，也可以提出自己会的问题别人猜，提出不懂的问题向别人请教。

投影出示"数学访谈准备"：

数学访谈准备

（1）寻找生活中的百分数，并和爸爸妈妈、同学或老师分享。

（2）"世界杂交水稻之父"袁隆平爷爷有一次做水稻种子的发芽实验，3天后种子的发芽情况如表7-8-1所示，你认为哪个品种的发芽情况最好？为什么？

表7-8-1　水稻种子的发芽实验表

品种	发芽种子数/粒	实验种子数/粒
一号	5	20
二号	7	25
三号	11	50

（3）什么叫作百分数？

（4）百分数有什么特征？它与分数有什么联系和区别？

【设计意图】以数学问题互访的方式，使学生进入《焦点访谈》节目主持人的角色中，体验"数学好玩"。

（三）数学问题专访（15分钟）

师：我发现大部分同学会当主持人了。下面进入数学问题专访环节，给个机会大家展示主持人的风采。每个问题都会选一名同学当主持人，负责提问题，请嘉宾回答或自己回答。

让我们把镜头对准例题，这个问题谁来当主持人？

教师根据学生的访谈适时展示以下相应的内容。

1. 聚焦例题

（1）"世界杂交水稻之父"袁隆平爷爷有一次做水稻种子的发芽实验，3天后种子的发芽情况如表7-8-1所示，你认为哪个品种的发芽情况最好？为什么？

（2）哪杯水比较甜？

2. 聚焦概念

（1）什么叫作百分数？

学生答后出示卡片式板书：表示一个数是另一个数的百分之几的数叫作百分数。百分数也叫作百分比、百分率。

（2）百分数的读法、写法。

注意教学"％"的写法：先写一个圆圈，接着写一斜杠，再写一个圆圈，注意圆圈不要写得过大，以免和数字"0"相混淆。

教师范写：

写法：90%　　　72%

读法：百分之九十　百分之七十二

师：有和%长得像的吗？（千分之一 符号1‰）

（3）百分数有什么特征？百分数与分数有什么联系与区别？

下列两个数，哪个是百分数？哪个不是？

① 羊的只数是兔子的 $\frac{87}{100}$。

② 一根铁丝长 $\frac{87}{100}$ 米。

判断（对的打√，错的打×）。

① 分母是100的分数就是百分数。（ ）

② 分母是100且只表示两个数相比的关系的分数就是百分数。（ ）

3. 释疑解惑

看课本第90～91页，你还有不懂的地方吗？

【设计意图】以"数学问题专访"的方式让学生作为主持人的角色开展研究，使数学的学习过程变成一个"角色扮演"的过程，为研究数学的过程增添了"玩"的感觉。

（四）访谈成果应用（12分钟）

师：同学们，这个环节让我来当主持人吧，我会带领各位走进有趣百分数王国的。

1. 读百分数比赛

一桌一桌开火车读。

2. 写百分数比赛

写10个不同的百分数；老师喊"停"马上放下笔；用带有百分数的句子回答已经写好的个数。我写了（ ）个，完成任务的（ ）%。

3. 找百分数比赛（2分钟）

投影依次出示方格图，学生口答相应的百分数1%，2%，…，10%，20%，30%，40%，52%，90%，100%。问：你还能找出一个百分数吗？

4. 妙解成语（1分钟）

百发百中 百里挑一 十拿九稳 事半功倍 半壁江山 一箭双雕

5. 妙解词语（1分钟）

"一切"用（ ）%表示。（对学生进行品德教育）

6. 读百分数名言（1分钟）

天才=99%的汗水+1%的灵感。

7. 游戏：剪刀、石头、布（2分钟）

两人共十次，想一想，你赢了对方几次？赢的次数占总次数的百分之几？输的次数占总次数的百分之几？

8. 争当"数学小法官"（3分钟）

（1）食堂运来40%吨大米。（　　　）

（2）百分数后面可带单位名称。（　　　）

（3）27%的计数单位是1%，它含有27个1%。（　　　）

（4）4.19%读作百分之四点十九。（　　　）

（5）大于75%小于77%的百分数只有76%一个。（　　　）

（6）$\dfrac{39}{100}$ 和39%表示的意义完全相同。（　　　）

（7）甲数的50%一定比乙数的40%大。（　　　）

【设计意图】练习的设计部分力求让学生"好之"，从题型的选择上尽可能融入游戏、竞赛，尽可能贴近学生的生活实际，尽可能让学生做"好玩的练习"，巩固应用和拓展所学知识，对数学多一份喜爱。

（五）畅谈收获（2分钟）

这节课你有什么收获？可以用含有百分数的句子来说明吗？

【设计意图】既体现学以致用，又体现生活中能够用上百分数的地方有很多，利于培养学生用数学的眼光去观察、用数学的语言去描述、用数学的思维去思考现实世界。

（六）聚焦课外（1分钟）

1. 找一找，说一说。在生活里找一个百分数，说一说它表示什么。

2. 小调查。调查家庭支出是收入的百分之几，制订下个月的支出计划。

【设计意图】给予学生在课外应用所学百分数的知识解决生活中的部分实际问题的机会，同样也是为了培养学生的核心素养。

五、简洁美观，说板书

【板书设计】

板书设计凸显简洁美观和实用，凸显学生主体，既有教师的板书，也有学生的板书。本课的核心知识点就在板书上。

百分数的意义和写法

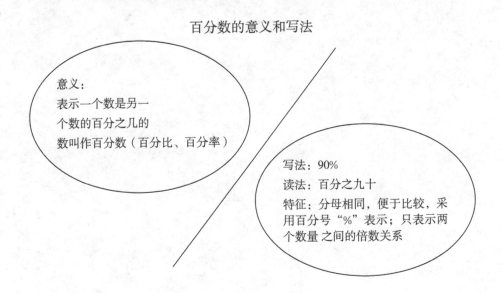

意义：
表示一个数是另一个数的百分之几的数叫作百分数（百分比、百分率）

写法：90%
读法：百分之九十
特征：分母相同，便于比较，采用百分号"%"表示；只表示两个数量 之间的倍数关系

六、回顾总结，说反思

（一）竞赛引入，一举多得趣味浓

既激趣引新又让学生亲身体会"分母相同，便于比较"这一知识点。

（二）焦点访谈，以生为本且有效

以数学焦点访谈的形式贯穿整节课。课前学生进行访谈准备；课中放手让学生扮演主持人来研究新知识，以嘉宾、小老师的角色解决问题，学生是学习活动中的主体。

（三）资源利用，学生就是小主人

例题选择、练习设计充满了浓浓的生活味道，让学生进一步感悟数学与生活的关系：数学来源于生活，生活中处处有数学。每一道题都突出趣味性、实践性、针对性和层次性等特点，既巩固和拓展了新知识，又使学生深刻地感受到生活中处处有数学：竞赛、游戏、语文学科、全课小结谈收获中、评分中都有数学问题，体验数学的价值美。

（四）板书设计有新意，一目了然难忘怀

板书设计达到了预期的效果，美观、新颖，使人一目了然、印象深刻。

第八章

教学设计篇

————————————

　　在研究的过程中，重点还是放在课堂上，因为课堂是教学的主阵地。备好课是上好课的关键，课上得好，培养学生的核心素养才能落地。而撰写教学设计是备课中的重要一环。下面的这些课例，是在课题研究过程中的一些课例。力求突出"学用合一、融会贯通、数学好玩"的教学主张。

第一节 研中学数学

——以《体积和容积》一课为例

【教学内容】

义务教育课程实验教科书北师大版五年级下册数学第56页至第58页：体积与容积。

【教学目标】

（1）通过具体的实验活动，了解体积和容积的实际含义，初步理解体积和容积的概念；能够知道体积和容积之间的联系与区别。

（2）引导学生当数学学习资源的开发者与利用者，提高学生开发和利用资源的能力；培养学生观察、操作、概括的能力以及利用所学知识合理灵活地分析、解决实际问题的能力。培养学生的自主学习能力、实践能力、探究能力、创新意识和合作意识；在操作、交流中，感受物体体积的大小，发展学生的空间观念。

（3）在学生的合作交流中，注意数学与生活的密切联系，激发学生学习数学的兴趣；通过创设生活情境，对学生进行节约水的思想教育。

（4）通过"试学导航"培养和提高学生的自学能力，使学生懂得如何收集生活中的数学资源；重视知识的产生过程，让学生在知识的产生过程中经历探究新知识的方法。

【教学重点】

理解体积和容积的概念。

【教学难点】

理解体积和容积之间的联系与区别。

【教学关键】

突出学生的自主学习，充分利用学生收集的学习资源，把知识和学生的已有经验、生活实践联系起来，引导学生通过实验经历知识的再生过程。

【教学准备】

试学导航、土豆、杧果、大小相同的量杯两个、透明的大小不同的杯子（饮料瓶）两个、水、红色墨水、正方体12个、橡皮泥、一元及一角硬币各10个。

【教学过程】

（一）课前"炎学"

学生在课前按照"试学导航"试学。

（二）课中"研学"

在学生"炎学"的基础上，课中拟分为七个步骤进行。这七个步骤可以根据课堂的生成进行适当的调整。

1. 赏研——课始分享

学生分享在生活中常见的容器和立体图形。

【设计意图】学生在课前对本节课所学的知识已经有了一定的认识，不同的学生对新知识的试学情况可能不同，每位同学有自己的收获和疑惑，在这样的基础上，利用预备铃到上课铃响的三分钟时间，让学生进行分享，满足学生的表达欲望和展示渴求，初步"减排"学习障碍。

2. 引研——引入新课

播放动画《乌鸦喝水》，边看边思考：乌鸦想了个什么办法喝到瓶子里的水？

看完请学生回答后，教师问：为什么把石头丢进瓶子里，瓶子里的水就升高了呢？这节课我们一起来学习：体积与容积（板书课题）。

【设计意图】兴趣是最好的老师。在课开始的时候播放动画，燃起学生的学习热情，这样做比较适合小学生的年龄特点。

3. 独研——独立思考

学生独立思考故事中的问题或者回忆课前试学的情况，做好交流的准备。

【设计意图】独立思考能力的培养是非常重要的，建立在独立思考基础上的小组交流才不至于人云亦云，建立在独立思考基础上的小组交流针对性才更强，交流的目标会更明确，交流的内容更能引发学生的思考，让学生更感兴趣。可见，独立思考是小组交流的基础，是提高小组交流效率的关键之一。

4. 助研——小组交流

交流"试学导航"。

此处要提前做好实验准备，以便学生开展研究。教师和学生准备好实验用具，如两个大小一样的透明杯子、适量的水、小脸盆、尺子、土豆、红薯、杜果等，并把桌子摆成小组合作型，以便学生以小组合作的方式完成实验，交换意见，商量方法和结论。为学生的小组合作学习提供位置上的便利，提供学习素材。

（1）说一说

生活中哪些物体比较大？哪些物体比较小？

例如：（飞机）大，（汽车）小；（水桶）大，（杯子）小；（　　）大，（　　）小；（　　）大，（　　）小；（　　）大，（　　）小；……

（2）比一比

找两个用眼睛很难判断大小的物体（如土豆、红薯、杜果、小石头等），并想办法比较它们的大小，并填写实验报告一（见表8-1-1）。

表8-1-1　实验报告一

实验对象	（　　）和（　　）
实验目的	这两个物体哪个比较大？
我的方法	
我的发现	

（3）（　　　　　　　　）叫做物体的体积。

（4）找一找：

①生活中可以放东西的物体有（　　　　　）。

②哪些容器放东西多？哪些容器放东西少？

（　　）放东西多，（　　）放东西少；（　　）放东西多，（　　）放东西少。

（5）做一做：找两个杯子，比较两个杯子哪一个装水多呢？请你设计一个实验解决这个问题，并填写实验报告二（见表8-1-2）。

表8-1-2 实验报告二

实验对象	（ ）和（ ）
实验目的	哪一个杯子装水多？
我的方法	
我的发现	

（6）（   ）叫作容器的容积。

【设计意图】这一环节是整节课的核心环节。此处的设计，创造机会让学生在至少两次独立思考（课前"炎学"和课中的"独研"）的基础上围绕六个问题进行实验、展开讨论、得出结论，以掌握本节课的核心知识点，培养学生的合作意识和能力、创新意识和能力、动手操作能力、空间观念和量感等。

5. 雁研——全班汇报

汇报"试学导航"。

（1）试学导航1

请学生口答。

（2）试学导航2、3

请学生以小组为单位一边做实验一边说，投影实验报告。

引导学生说出：两个物体都占有一定的空间，但所占空间的大小是不一样的。其实，所有的物体都占有一定的空间。物体所占空间的大小，叫作物体的体积。（教师贴写有概念的卡片）

师：土豆的体积比红薯（   ）；罗锦雯的体积比老师的体积（小），像这样的例子你会举吗？

（3）试学导航4

请学生口答，让学生明白：只有物体里面是空的、都能够装东西的才称为容器。教师根据学生的回答适时出示一些实物容器，如杯子、碗、瓶子、桶、笔盒、纸箱子等。

（4）试学导航5、6

请学生投影实验报告二，到讲台上边演示实验，边介绍自己的方法和发现。

教师贴写有概念的卡片。

师："容纳"是什么意思？（举例：半瓶水，水的体积是瓶子的容积吗？

演示：倒半杯水，这时候所装的水量是不是杯子的容积？再倒满，此时杯子所容纳的最大容量才是杯子的容积。）

（5）提问：杯子有体积吗？杯子的体积和容积分别指什么？

你认为杯子的体积与容积一样吗？为什么？哪个大？（所有的物体都有体积；但只有里面是空的能够装东西的物体，才能计量它的容积。一般来说，物体的容积比体积小。）

【设计意图】以"试学导航"为学习任务，在学生独立思考、小组交流与合作的基础上创造全班交流的机会，让学生的分享范围更大，产生的思维碰撞更多，对知识的理解更透彻。

6. 炼研——内化新知

（1）争当"数学小判官"。

先判断每一道题是否正确，再说明理由。

①吃饭时，碗里盛满了汤，汤的体积就是碗的容积。（　　　　）

②一块长方体的巧克力，它的体积就是它的容积。（　　　　）

③油箱的容积就是油箱的体积。（　　　　）

（2）争当填空小达人。

①墙壁所占空间的大小，就是这个墙壁的（　　　　）。

A.体积　B.容积　C.面积

②妈妈回到家，淘气往妈妈的杯子里倒满了茶给妈妈喝，妈妈很开心地喝完了。妈妈喝到肚子里的（　　　　）的体积就是（　　　　）的容积。

A.茶　B.饮料　C.杯子

③一个不规则容器，它的体积（　　　　）它的容积。

A.大于　B.小于　C.等于

④油桶的体积是指它（　　　　），容积是指它（　　　　）油的体积。

A.所能容纳　B.所占空间的大小

⑤盛满一杯牛奶，（　　　　）的体积就是（　　　　）的容积。

A.杯子　B.牛奶

（3）争当解题小高手。

把5块一模一样的积木分别搭成不同的形状，体积相等吗？为什么？请你举例说明。

（4）争当操作小能手。

问：我们的祖国是中华人民共和国，国家级非遗"惠山泥人"，其工艺达于完美。请同学们用一块橡皮泥代替泥土，依次把它捏成你喜欢的形状（如小猪、小鸭子、长方体、球……），想一下捏成的物体体积有没有变化，并把原因写下来。

（5）争当发现小选手。

生活中还有哪些形状改变，体积却不变的现象？

学生独立思考后讨论，全班交流。

教师实验验证：用一团橡皮泥，第一次把它捏成长方体，充分压入水杯画出水位；拿起再把它捏成球完全压入水中观察水位是否变化，捏成任意形状的物体再放入水中，学生观察水杯中水位的情况。引导学生小结：物体形状发生了变化，但体积保持不变。

【设计意图】炼研中的"炼"是锻炼的意思，学生学习了新知识后，要提供"锻炼"的机会，让学生应用所学知识进行问题的解决，从而巩固所学知识，提高应用能力。

7. 评研——小结评价

（1）数一数，你们组夺得了多少颗星星。

（2）这节课你有什么收获？你觉得自己、同学和老师表现得怎么样？

【设计意图】此处以问答的方式引导学生小结所学内容，开展自我评价和相互评价，培养学生的归纳总结能力和反思能力。

（三）课外"延学"

第1题为必做题，2～4题可以任选一题，也可以完成2题或者3题。

1. 基础题

课本第58页第4题。

用12个大小相同的小正方体，分别按下面的要求搭，搭好后数一数它的体积由几个小正方体搭成。

第1、2组搭出两个物体，使它们的体积相等；

第3、4组搭其中一个物体的体积是另一个的2倍。

2. 实践题

（1）数学小调查。

生活当中有许多容器，请你找一找，并想办法知道它们的容积。

我找到的容器有：

它们的容积分别是：

（2）数学小奇思。

婴儿洗澡用澡盆的时候，水面往往会升高或溢出，升高的水（溢出的水）和婴儿的体积有什么关系？

【设计意图】此处以练习的形式引导学生由课内向课外拓展延伸，既有对基础知识的巩固，也有提升部分，还有文本向非文本的转变，重视学生应用意识和实践能力的培养和提高。

【板书设计】

体积与容积

物体所占空间的大小，叫作物体的体积。

容器所能容纳物体的体积，叫作容器的容积。

物体的容积比它的体积小。

夺星大赛　探究之星　灵耳朵之星　巧嘴巴之星　亮眼睛之星　活脑筋之星

【课后反思】

（一）"试学导航"，"炎学"奠基础

请学生进行"试学导航"，目的是引导学生开发生活资源，充分利用学生收集的数学信息作为教学资源。以"试学导航"为指引，使学生发现生活中的数学问题，并想办法解决数学问题，体验数学与生活的紧密联系。实现未教先学，以期达到的目的是："不教自己也会学，能学会。"使学生在收集和整理数学信息的过程中深刻地体验到生活中处处有数学，数学源于生活，用于生活，使相对抽象的数学知识变得生动有趣，被学生所喜爱。让学生去发现生活中哪些物体比较大，哪些物体比较小，哪些容器可以装东西，哪些容器装东西多，哪些容器装东西少。如果用眼睛很难判断它们的大小，哪个容器装东西多的时候，就需要用实验的方法来解决。

（二）课中研学，探索效果佳

（1）课始以"让我们一起走进数学乐园参加夺星大赛和观看动画片《乌鸦喝水》"引入，激起学生的学习兴趣，营造良好的教学氛围，打开学生的"话匣子"，并把"夺星大赛"贯穿于整节课，激起学生的学习积极性。

（2）学生成为课堂上最耀眼的"明星"，教师只是组织者、引导者、参与者，还有学生探究新知识的同行者的角色，在课堂上似乎变得"暗淡"了。但是这种教师的"暗淡"恰恰是把课堂变成"学堂"的关键，只有课堂成为"学堂"，学生才能真正成为课堂的小主人，这个课堂的小主人才不至于成为一句空话。这样的课堂，教师的"讲"在某种程度上说是恰到好处的，抑或是到了非讲不可之时教师才讲，到了需要教师点拨的时候，教师才开口，而教师一旦开口，则会帮助学生排除学习的障碍，把他们的潜力更好地挖掘出来，使学生的数学研究走向深入。

学生是课堂上的主角，教师提供机会让学生发表自己的看法，真正地解放孩子的嘴巴、大脑和手脚。课本上关于体积与容积部分的内容不多，我充分引导学生开发他们的生活资源，使数学课堂教学资源更好、更充实、更适用，使课堂更"活"。学生带来了很多学具，有杯子、土豆、小石子……我放手让他们利用学具畅谈自己的方法和发现，边讲边做实验，改变了以往由老师做演示实验，边演示边提问的教学方法，取之以学生的自主操作为主，连实验的用具也由学生选取，使学生有机会成为学习资源的开发者和利用者。他们不再被动地用老师提供的学习材料，他们也能用自己收集的材料进行学习。他们以小组为单位先交流"试学导航"，再以小组为单位展示自己的学习资源，与同学分享自己的研究成果。课堂上，学生以小组为单位汇报的时候形式多样，有的甚至是一个小组成员一起到平台前展示的：他们有的负责做实验、有的负责讲解……当有的学生讲得不对的时候，其他学生马上进行反驳、补充抑或评价。

（三）课后延学，带着问题出课堂

学无止境。课内向课外的拓展延伸把学生的学习引向更广阔的时空，学生带着问题走出课堂，走进生活，走向社会，才利于"三会"的培养，发现和解决身边的数学问题逐渐成为一种意识、一种习惯和一种能力。

总之，整节课体现了新课程标准的基本理念，引导学生开展研究性的学习，问题成为课中研究的主题，学生通过实验理解概念，通过应用加深对概念的理解。通过独立思考、合作、交流、汇报等方式学习新知识。课中有生活资源的开发与利用，这些资源使学生的学习素材更丰富，更贴近学生的生活实际，学生学习的自主性、主动性和创造性尽显其中，他们的实践能力和合作学习能力、创新意识也得到了培养和提高。

第二节 做中学"数学"

——以《淘气的校园》为例

【教学内容】

北师大版一年级上册第88页至第89页"数学好玩"中的《淘气的校园》（综合与实践）。

【教学目标】

（1）以小组合作的形式，在议一议、做一做、想一想的活动中，体验运用所学的知识和方法解决简单问题的过程，获得初步的数学活动经验；能运用20以内的数和加减法解决简单的实际问题；进一步感受各种形体的特征，初步发展空间观念。

（2）在发现数学信息，解决数学问题的过程中，体会数学与生活的联系。

（3）通过自我评价活动，形成初步的反思意识。

【教学重点】

学会寻找数学信息，能根据数学信息提出相关的数学问题。

【教学难点】

提高学生解决问题的能力，培养学生应用数学的意识。

【教学准备】

课件、小小记录卡。

【教学关键】

引导学生寻找数学信息，提出数学问题。

【教学过程】

课前：学生寻找自己在校园里发现的数学问题。

【设计意图】面对一年级的学生，更要注重引导学生在课前去发现身边的数学问题，培养学生养成在生活中发现、提出数学问题的能力。

课始：分享活动，师生互动（看口型猜数、合作游戏）。

【设计意图】在预备铃到上课铃的三分钟里，开展生动有趣的课始分享活动——看口型猜数，此活动由学生主持，分为两步，一是学生看教师口型猜数；二是教师看学生口型猜数，学生两人一组，先商量要猜的数，再猜老师。这个游戏培养了学生的专注力和合作能力，学生需要看着老师的口型，才能比较准确地猜出是什么数，其中第二步则是需要同学之间相互合作。这样的设计，让学生从课开始就有了"玩数学"的感觉。

一、初"研"——听听掌声，激趣设疑

听声音找数学信息，提出数学问题。

（1）师击掌两下后问：你听到了什么？师：这就是数学信息。

（2）师接着击掌三下后问：你听到了什么？师：这就是数学信息。

（3）提问题。

师：根据这两个数学信息，可以提出什么数学问题？（学生提问，学生解答）

教师摇动盒子，你想问什么？

【设计意图】此处的设计是有多重目的的，首先是帮助一年级学生感悟什么是数学信息和数学问题，同时也通过"听声音找数学信息"的方式培养学生的专注力和提出问题的能力。当然，也让学生的数学学习越来越好玩。

二、再"研"——学用合一，探索交流

1. 看图寻"问"，以疑引入

出示学生熟悉的操场上的情境图，师：刚才我们成功地解决了盒子里有数学问题，同学们的身边也有很多数学问题，淘气也不例外，就让我们一起走进淘气的校园里。（出示课题：淘气的校园）

师：今天，我们的任务升级，就是找到淘气校园里的数学问题。（课件出示：你能找到淘气校园里的数学问题吗？）

师：要找到淘气校园里的数学问题，就要仔细地看图，你发现图上有什么

数学信息？

学生发表看法。

师：光忙着说，都没有把同学们发现的数学信息记录下来。

【设计意图】此处选取的是学生非常熟悉的真实场景：操场，引导学生通过看图找到数学信息，提出数学问题。这样的设计，让学生明确活动任务，体验数学就在身边，培养边看图边找数学信息和根据数学信息提出数学问题的能力。

2. 据"问"齐研，明确步骤

师：怎样记录发现的数学信息呢？

学生发表看法后教师引导：

如果只有1人独立完成，那就需要自己数，自己记（请一位孩子来示范）；

如果有2人合作完成，（　　　）来数，（　　　）来记；（增加一位孩子来示范）

如果有3人合作完成，（　　　）来数，（　　　）来记，（　　　）来汇报。（再增加一位孩子来示范）

如果有4人合作完成，（　　　）和（　　　）来数，（　　　）来记，（　　　）来汇报。（再增加一位孩子来示范）

【设计意图】进一步明确需要解决的问题，设计合理可行的解决问题的基本步骤，引导孩子体会合作的必要性及如何进行合作。

3. 依"问"雁研，解决问题

（1）找一找。

分组找一找淘气校园里的数学信息，并填一填。

跳绳：（　6　）人　　　踢毽子：（　　　）人　　　跑步：（　　　）人踢足球：（　　　）人

（　　　　　　）（　　　　　　）　　　（　　　　　　）（　　　　　　）

（　　　　　　）（　　　　　　）

（2）说一说。

学生汇报本小组的发现。

（3）问一问。

以小组为单位根据数学信息提出数学问题。

【设计意图】通过合作等实际操作环节，实施解决问题的方案，得到解决问题的成果。

三、深"研"——学以致用，拓宽视野

想一想：下面各题，可任选一个，也可以选两个或更多。

（1）你的笔盒里有哪些数学信息？你能提出哪些数学问题？

（2）你的教室里有哪些数学信息？你能提出哪些数学问题？

（3）你的校园里有哪些数学信息？你能提出哪些数学问题？

（4）你的家里有哪些数学信息？你能提出哪些数学问题？

（5）你所在的社区里有哪些数学信息？你能提出哪些数学问题？

（6）超市里有哪些数学信息？你能提出哪些数学问题？

（7）大海里有哪些数学信息？你能提出哪些数学问题？

（8）餐桌上有哪些数学信息？你能提出哪些数学问题？

【设计意图】这一道题，体现了层次性，学生可以根据自己的情况任选一道题，也可以完成多道题。引导学生把数学眼光投向更多的地方，去发现数学信息和数学问题，培养学生的数感、应用意识和实践能力。

四、评"研"——自我评价，学会反思

1. 学生打开课本，在相应的表情处打钩。笑脸代表满意，哭脸代表不满意，没有表情的脸代表一般（见图8-2-1）。

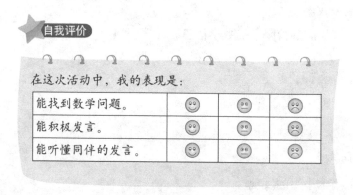

图8-2-1　自我评价图

2. 课堂小测试。

小朋友，你的学校也有操场，操场上有什么数学信息？可以提出什么数学问题？请说给小组内的同学听一听，说对的就给他（她）竖起一个大拇指。

【设计意图】此处开展了多种形式的评价，放手让学生看一看、找一找、说一说、评一评，鼓励学生对于自己的表现进行自评，既注重解决问题过程的评价，也注重联系实际，检测学生找数学信息、提数学问题和合作等方面的能力，同时培养学生的反思能力。

第三节　引导学生"研"数学

——《鸡兔同笼》教学设计

【教学内容】

北师大版数学教材五年级上册第五单元第95页至第96页中的内容。

【教学目标】

（1）通过列表枚举方法，解决鸡与兔的数量问题。

（2）培养学生的理解能力、假设能力、发展归纳与概括的能力；培养学生的自主学习能力、合作学习能力、创新意识。让学生经历通过数据的变化得到不同的结果，根据结果再进行计算与估计的探索过程，培养学生持之以恒的科学精神和对数据的分析判断能力。

（3）使学生初步认识"鸡兔同笼"的数学趣题，了解与此有关的数学史，学习我国传统的数学文化，对学生进行数学文化的熏陶感染。

（4）学生通过观察、比较、思考、推导小组交流等发现问题、研究问题和解决问题，积累如何去探索、发现、研究问题的经验。

（5）从中渗透"化繁为简"的思想。

（6）借助"鸡兔同笼"这个载体让学生经历列表、尝试和不断调整的过程，从中体会出解决问题的一般策略——列表。

【教学重点】

通过列表枚举方法，解决鸡与兔的数量问题。

【教学难点】

借助"鸡兔同笼"这个载体让学生经历列表、尝试和不断调整的过程，从中体会出解决问题的一般策略——列表。

【教学关键】

在独立思考的基础上进行合作学习；教师不宜补充其他解法，但如果学生有其他解法，教师应给予充分的肯定，并鼓励学生从多角度思考问题。

【教学过程】

一、课前"炎学"

根据"试学六要素（看、找、画、提、解、搜）"自学第95页至第96页中的内容。

【设计意图】培养自学能力，养成自学习惯。

二、课始"赏学"

利用课始三分钟的时间由学生当小主持人完成下列口答题。

1.6张1元的人民币和7张5元的人民币一共是（　　　）元。

2.24元人民币里有2张5元的人民币和（　　　）张2元的。

3．鸡有（　　　）条腿，兔子有（　　　）条腿，3只鸡和5只兔一共有（　　　）条腿。

【设计意图】为学习新知打好基础的同时凸显以学生为主体，培养学生的自主学习能力。

三、课中"研学"

（一）引研——联系实际，激趣引入

师：同学们，咱们来猜猜谜语，听好了。头戴红冠子，身穿五彩衣；不爱唱歌曲，就爱吊嗓子。打一动物（公鸡）。鸡有几条腿？板书：鸡。

师：耳朵长，尾巴短，红眼睛，白毛衫，三瓣嘴儿胆子小，青菜萝卜吃个饱。打一动物（兔子）。板书：兔。

师：兔子有几条腿？有一次，农民伯伯把鸡和兔子放在同一个笼子里，数了数，有20个头，再数一数，有54条腿，鸡和兔各有几只呢？板书完善课题。

【设计意图】激发学生学习兴趣，干脆利落地引入新课。

（二）助研——突出自主，探索新知

1. 交流试学导航

自学课本第95页至第96页，思考下列问题：

（1）从题目中你获得了哪些数学信息？有什么数学问题？

（2）鸡和兔各有几只呢？试一试，并说说你是怎么想的。（温馨提示：学习数学的方法有很多，可以查找资料、向爸爸妈妈或者老师请教、和同学讨论等；解决问题的方法也有很多，如列表法、画图法、算术、方程……）

列表法：

① 逐一举例法：从有（　　　）只鸡开始（　　　　　　　）地试，把试的结果列成表格（见表8-3-1）。

表8-3-1　逐一举例法

头／个	鸡／只	兔／只	腿／条
20			
20			
20			
20			
…	…	…	…
20			

② 跳跃举例法：先做一些（　　　）、（　　　）后再试（见表8-3-2）。

表8-3-2　跳跃举例法

头／个	鸡／只	兔／只	腿／条
20			
20			
20			
20			
20			
20			

③ 取中列举法：先假设鸡和兔各占（　　　），再列表（见表8-3-3）。

表8-3-3 取中列举法

头/个	鸡/只	兔/只	腿/条
20			
20			
20			

其他方法：

2. 汇报"试学导航"

（1）汇报试学导航1

注意让学生说说这道题里还有隐藏的数学信息。

（2）汇报试学导航2

由学生去汇报自己的解题方法。

① 逐一举例法

像这样碰到问题能有序猜测也是一种办法，在数学上我们称这种方法叫作列举法。但数字增加就有困难了，还可以怎么猜测？

② 先分析、比较后再试

先估计鸡与兔数量的可能范围，以减少举例的次数。

③ 取中列举法

由于鸡和兔共20只，所以各取10只，接着在举例中根据实际的数据情况确定举例的方向，这样可以大大缩小举例的范围。

【设计意图】利用"试学导航"，放手让学生通过解决"试学导航"而充分发挥个体学习的主动性和积极性，给予发挥小组同学的集体智慧的机会，给予展示集体智慧结晶的机会，营造出相互质疑、辩论的氛围，使新知识的学习成为一个围绕"试学导航"而展开的研究性学习。新知识的产生是学生共同努力的结果，而不是教师强加给他们的。

（三）注重实践，运用新知

（1）龟鹤问题。师：这个数学问题流传到了日本，出现了龟鹤问题。

（2）生活中有类似的数学问题吗？

【设计意图】体现学以致用，学用合一，同时，把学生的数学眼光引向生活，去寻找、发现、思考、表达生活中和"鸡兔同笼"有关的数学问题。

（四）多元评价，内化新知

（1）学生相互评价。

（2）欣赏《孙子算经》中的数学名题《鸡兔同笼》，像这样的数学趣题还有很多，例如韩信点兵、蜗牛爬井、三女归家等，数学文化源远流长，我们的数学知识是有历史的、有用的、有趣的，希望同学们努力学习，让数学文化更丰富，数学知识更有趣，更有用。

【设计意图】提高评价能力，渗透数学文化，激发民族自豪感。

四、课外延学——拓展延伸，深化新知

生活中有哪些问题与《鸡兔同笼》相似？

【设计意图】把数学知识的学习引向课外，目的是培养"三会"。

第四节 简简单单学数学

——以《正比例和反比例的比较》为例

【教学目标】

（1）进一步理解正比例、反比例的意义，弄清它们的联系和区别，掌握它们的变化规律；使学生能正确地判断正比例、反比例。

（2）通过观察、讨论、比较、辨析、概括等活动，使学生能从多维度理解正比例和反比例的区别，体会知识间的内在联系。

（3）通过学习，让学生体验数学问题的探究性和挑战性，进一步激发学生学习数学的兴趣，使学生感受到生活中处处有数学，体验学数学、用数学的乐趣，并对学生进行爱国主义教育。

【教学重点】

正比例、反比例的联系和区别。

【教学难点】

能正确判断正比例、反比例。

【教学准备】

课件一个、教学平台、卡片若干张。

【教学过程】

一、课前"炎学"

学生按"看、找、画、提、解、搜"六要素自学。

【设计意图】给学生一个自学的"抓手"，让学生学会独立学习新的知识。

二、课中"研学"

（一）引研——激趣引入

动画演示：胸前写着"正比例"的卡通人物A说："我是正比例。"B说："我是反比例"，"同学们，你们知道我们的相同点和不同点吗？"

出示课题：正比例和反比例的比较。

【设计意图】以卡通人物的形式增加趣味性，激发学生的学习兴趣，用极短的时间引入新课。

（二）雁研——新授教学

（1）初步比较正比例和反比例的关系

根据下表填空。

表8-4-1 路程和时间

路程（千米）	5	10	25	50	100
时间（时）	1	2	5	10	20

在表8-4-1中相关联的量是（ ）和（ ），（ ）随着（ ）变化，（ ）是一定的。因此，时间和路程成（ ）关系。

表8-4-2 速度和时间

速度（千米/时）	100	50	20	10	5
时间（时）	1	2	5	10	20

在表8-4-2中相关联的量是（ ）和（ ），（ ）随着（ ）变化，（ ）是一定的。因此，时间和速度成（ ）关系。

① 先独立思考，再小组交流。

② 引导学生回答。

从表8-4-1中，怎样知道速度是一定的？根据什么判断速度和时间成正比例？

从表8-4-2中，怎样知道路程是一定的？根据什么判断速度和时间成反比例？

③ 引导学生总结路程、速度、时间三个量中每两个量之间的关系。

当速度一定时，路程和时间。 速度×时间＝路程

当路程一定时，速度和时间。　　$\dfrac{路程}{时间}=速度$

当时间一定时，路程和速度。　　$\dfrac{路程}{速度}=时间$

（2）深入比较正比例和反比例的关系

① 小组讨论：正比例、反比例有什么相同点和不同点？

② 汇报讨论结果，教师根据学生的回答投影课本第20页的表格并完成表格（见表8-4-3）。

表8-4-3　正比例与反比例对比

异同点	正比例	反比例
相同点		
不同点		

（三）评研——课堂小结

今天我们学习了哪些知识？你还有什么问题吗？

（四）炼研——巩固练习

（1）判断单价、数量和总价中一种量一定，另外两种量成什么比例？为什么？

① 单价一定，数量和总价成（　　　　　　　）。

② 总价一定，单价和数量成（　　　　　　　）。

③ 数量一定，总价和单价成（　　　　　　　）。

（2）判断下面各题中的两种量成比例关系吗？成什么比例关系？

① 大米总质量一定，每袋大米的质量和袋数。

② 每袋大米的质量一定，大米的袋数和大米的总质量。

③ 大米的袋数一定，大米的总质量和每袋大米的质量。

④ 分子不变，分母和分数值。

⑤ 分母一定，分子和分数值。

⑥ 分数值一定，分子和分母。

⑦ 被除数一定，除数和商。

⑧ 除数一定，被除数和商。

⑨ 商一定，被除数和除数。

⑩ 直角三角形中，两个锐角的度数。

⑪ 总产量一定，单位面积产量和种植面积。

⑫ 单位面积一定，总产量和种植面积。

⑬ 种植面积一定，总产量和单位面积。

⑭ 用砖铺同一块地，每块砖的面积和用砖块数。

⑮ 用同一种砖铺地，铺地面积和用砖块数。

⑯ 长方形的周长一定，它的长和宽。

⑰ 在同一幅图上，图上距离和实际距离。

⑱ 图上距离一定，实际距离和比例尺。

⑲ 实际距离一定，图上距离和比例尺。

⑳ 两个外项互为倒数，那么两个内项。

㉑ 比值一定，比的前项和后项。

㉒ 比的前项一定，比值和比的后项。

㉓ 比的后项一定，比值和比的前项。

（3）从汽车每次运货吨数、运货的次数和运货的总吨数这三种量中，你能找出哪几种比例关系？

（4）选择正确答案的编号填在括号里。

① 单价一定，数量和总价。（　　　）

② 一个加数一定，和与另一个加数。（　　　）

③ 数量一定，总价和单价。（　　　）

④ 正方形的边长和它的面积。（　　　）

⑤ 正方形的边长和它的周长。（　　　）

⑥ 圆的周长和它的直径。（　　　）

⑦ 圆的周长和圆周率。（　　　）

⑧ 圆的直径和圆周率。（　　　）

⑨ 人的年龄和体重。（　　　）

A. 正比例　　B. 反比例　　C. 不成比例

（5）卡片游戏。

【设计意图】新课的学习体现了学生学习的自主性，文本知识变成学生动态的探索过程，学生围绕本节课的核心知识点，通过独立思考、同伴互助、老师点拨等习得知识，提高素养。

三、课后"延学"

（1）基础练习（略）。

（2）实践作业：写一篇数学日记，题目是：生活中成正比例、反比例的量。

【设计意图】课后"延学"是有梯度的，既有基础型的练习，也有实践型的练习，引导学生应用所学的数学知识，进一步激发学生的学习兴趣，提高学生的应用意识和能力。

【板书设计】

表8-4-4　正比例和反比例的比较

异同点	正比例	反比例
相同点	1. 都有两种相关联的量。 2. 一种量随着另一种量变化。	
不同点	1. 变化方向相同，一种量扩大或缩小，另一种量也扩大或缩小。 2. 相对应的每两个数的比值（商）是一定的。	1. 变化方向相反，一种量扩大（缩小），另一种量反而缩小（扩大）。 2. 相对应的每两个数的积是一定的。

第五节　深挖资源　充实内容　活化课堂

——以《组合图形面积》为例

【教学内容】

北师大版数学教材五年级上册第五单元《组合图形面积》。

【学生分析】

根据学生已有的生活经验，通过直观操作，对组合图形的认识不会很难。在第二单元，学生已经系统学习了平行四边形、三角形与梯形的面积的计算方法，尤其是对转化思想的渗透，学生在探索组合图形面积的计算方法时，应该能通过自主探索、合作交流，达到方法的多样化。但是对于方法的交流、借鉴、反思及优化上需要教师的引导，所以，要重视让每个学生都积极地参与到活动中来，让活动有实效，真正让学生在数学方法、数学思想方面有所发展。

【教材分析】

在《组合图形面积》中，重点探索计算组合图形面积的方法。教材的第二单元，学生已经学习平行四边形、三角形与梯形的面积，在此基础上学习组合图形，一方面可以巩固已学的基本图形，另一方面能将所学的知识进行整合，注重将解决问题的思考策略渗透其中，提高学生综合运用能力。

【教学目标】

（1）通过拼图活动，让学生了解组合图形的特点；在自主探索的活动中，理解计算组合图形面积的多种方法。能根据各种组合图形的条件，有效地选择计算方法并进行正确的解答；能运用所学的知识，解决生活中组合图形的实际问题，同时通过各种活动培养学生的空间观念、自学能力、创新意识和实践能力。

（2）学生通过交流与合作、操作等参与知识的形成过程，渗透学习方法的指导。

（3）通过解决生活中的实际问题，使学生体验数学的价值，提高学生学习数学的兴趣。

【教学重点】

计算组合图形面积的多种方法；培养学生的自学能力和创新意识。

【教学难点】

解决生活中组合图形的实际问题，能从多角度思考问题。

【教学准备】

学生根据"试学导航"做好准备；教师准备部分组合图形；课件。

【说教法】

主要采用愉快教学法、实验操作法、引导探究法、观察讨论法，并借助多媒体辅助教学以提高教学的形象性、直观性，使学生既长知识又长智慧。

【说学法】

重视学法指导，通过"试学导航"指导学生自学，达到"未教先学"的目的，为学生未来的发展打好基础。让学生课前挖掘生活中的数学资源，课中利用收集到的生活中的数学资源（包括学生们制作的各种形状的组合图形），提供机会让学生操作、交流与合作，让学生在展示自己的课前研究小成果等来探索新知识，让学生真正动起来：动手、动脑、动口。

【说程序】

（一）课前"炎学"——用"试学导航"尝试学习

"试学导航"（略）。

【设计意图】以"试学导航"降低学生自学的难度，提高自学的兴趣和效率。

（二）课中"研学"——引导学生开展研究学习

1. 引研——摸物游戏，激趣引入

教师在袋子中装入各种平面图形，显示其中的一部分，让学生先说出是什么图形及其原因。

【设计意图】以摸物游戏复习旧知，激发学生学习热情，实现知识的迁移，一举两得。

2. 助研——小组交流 初析问题

（1）投影"试学导航"：

请动手剪一剪我们学过的平面图形，每种图形剪一个。想一想：

① 每个图形的面积怎样求。

② 任选两个图形拼成一个比较复杂的图形，并把你拼成的图形画下来，再仔细观察拼成的图形像什么，认真思考它的面积怎样求。

③ 由几个简单的图形组合而成的图形是（　　　）图形。

④ 生活中有哪些物体的表面是组合图形。

⑤ 算一算课本第90页中的组合图形的面积。你能想出几种方法？

（2）学生以小组为单位交流"试学导航"。

【设计意图】学生在独立思考的基础上开展小组学习，同学之间相互补充，相互释疑，新知识的学习因为有了同伴的互助而更好玩。

3. 雁研——全班汇报，齐析问题

（1）当学生汇报问题①时，教师根据学生的回答投影每种图形的计算公式；把学生的作品贴在黑板上。

（2）当学生汇报问题②时，让学生利用实物投影仪（或者贴在黑板上）边投影边讲。

（3）当学生汇报问题③时，投影出示答案。

（4）当学生汇报问题④后，投影生活中的组合图形图片。

（5）当学生汇报问题⑤时，教师把图贴在黑板上，并请学生说出方法，引导学生说出以下几种方法（见图8-5-1、图8-5-2）。

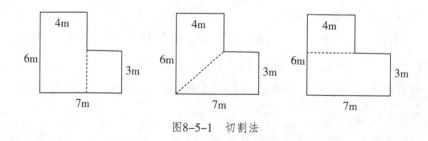

图8-5-1 切割法

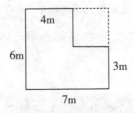

图8-5-2　切割法

方法一：7-4=3m　　　3×3=9m² 　　6×4=24m² 　　9+24=33m²

方法二：6-3=3m 　　（3+6）×4÷2=18m²

　　　　7-4=3m 　　（3+7）×3÷2=15m² 　　　18+15=33m²

方法三：6-3=3m 　　　3×4+7×3=12+21=33m²

方法四：6-3=3m 　　7-4=3m 　　6×7-3×3=42-9=33m²

【设计意图】在小组交流的基础上，创造学生在全班同学面前展示的机会，把相互交流、讨论的范围扩大，使产生思维碰撞的对象更多，以期待取得更好的效果。

4. 炼研——精设练习，内化新知

课本第91页的练习。

【设计意图】本课的练习部分，没有额外设计，而是直接用课本上的练习，因为课本上的练习已经能够达到巩固拓展新知识的目的。

5. 评研——全课小结，相互评价

（1）这节课学习了什么知识？学得怎么样？

（2）自己表现得怎么样？同学和老师呢？

【设计意图】培养学生归纳总结和反思的能力是很重要的，为此在课末创造机会让学生进行小结，及对学习了什么新知识进行小结，也对参与新知识的探索过程进行小结；既对自己进行评价，也对同学和老师进行评价。这样的设计，没有表格，只有两个问题作为学生"小结和评价"的任务，简单而清晰，操作起来也比较容易。

（三）课外"延学"——课外延伸，拓展新知

（1）找一找：生活中有哪些物体的表面是组合图形。

（2）算一算：算一算这些图形的面积。

【设计意图】此处作业的设计突出培养学生的实践能力、量感、几何直观和应用意识等，把学生的数学学习与身边的"物"结合起来，通过"找、估、量、算"等活动去发现生活中哪些物体的表面是组合图形，并估计、计算出它们的面积。

【课后反思】

这一节课的学习效果是很好的。学生在教学过程中，兴趣盎然，思维敏捷，方法多样，例如，在汇报"试学导航"环节里，学生们用学过的平面图形拼出了很多的组合图形，有小船、火箭、屋顶、机器人……闪耀着智慧的火花；在探究组合图形面积的计算方法时，竟然想到了多达八种的方法。孩子们很善于从多角度思考问题，解决问题的方法比较灵活，令人欣喜。

但是，如何既为学生提供足够的交流、操作的时间，又能让学生有充足的时间练习是个难题。回顾整节课，改进的方法是：

1. 把游戏与"试学导航"问题1结合起来（教师在袋子中装入各种平面图形，显示其中的一部分，让学生先说出是什么图形及其原因，再说出计算公式），从而节省时间。

2."试学导航⑤算一算课本第90页中的组合图形的面积。你能想出几种方法？"此处的汇报用的时间比较多，在学生汇报的时候，要注意遵循"不重复"汇报的原则。

第九章

好玩的"学用式"数学作业

有不少的孩子希望没有"作业",有个别的老师会奖励学生"免作业卡",看着得到"免作业卡"的学生那个兴高采烈的样子,不免引起了我的思考:为什么要做作业?学生喜欢怎样的作业?"学用式"数学作业以提高学生核心素养为中心点,围绕所学习的内容,抓住知识的重点和难点,提炼核心知识点,关注知识的前后联系,讲求适量、适度,凸显综合性、趣味性、层次性、拓展性和实践性等特点,增加作业的吸引力和作用力。

第一节 给学生"可以不做作业"的机会

有一年，我教小学三年级数学。这个班学生活泼可爱、聪明伶俐、牙尖嘴利，特别有批判意识。有一次，一名学生问我："老师，为什么大人可以不做作业，我们小朋友却要做作业？我们可不可以不做作业？"我说："孩子，首先要表扬你能够发现问题，更要表扬大家能够提出问题。你提的问题是很多同学的心声。你一共提了两个问题，我先回答你的第一个问题。其实，大人每天都在做作业，如果大人不做作业，那么你们吃的、穿的、用的可能就没有了。像赖老师，每天回学校上班，其实就像你们每天回学校上学一样，每天下班后，备课、改作业、写教案、家访、写反思……这只是我的第一份作业，回家后洗衣服、做饭、收衣服、叠衣服、照顾宝宝……这是我的第二份作业。这些作业是每天必须要做，而且要做好的。你们的父母也一样，虽然从事的职业不尽相同，具体的作业也不尽相同，但每个人都是有作业要做的。"学生赞同地点点头。我接着说："作业的目的不仅仅是巩固、拓展和应用所学习的知识，更重要的是培养作业品质，其中一个就是能不能克服困难去按时完成任务，在完成任务的过程中能不能做到心平气和，专心致志等。接着，我来回答你提出的第二个问题，答案是可以不做作业，但是有个前提，那就是要进行挑战，如果挑战成功，那个单元的作业就一道题也不用做。"

于是，学生开始报名参加挑战，教师开始设计挑战题目，题目中既有基础题，也有提升题，还有拓展题。看着一个个认认真真准备着"挑战"的忙碌样子，看着一个个遇到数学问题来主动向我请教的虚心样子……我不禁笑了。可是，能过关的并不多，第一次有2位学生通过挑战，这2位学生整个单元一道题也不用做；第二次有3位学生通过挑战，这3位学生整个单元一道题也不用做……可是，令人意想不到的是，这些同学却把作业完成了，我询问为什么的时候，他们说："想做作业，多做点，才能学得更好点。"语言很朴实，但却给其他学生一个榜样，我也不由地竖起了大拇指。

　　教育永远是一门艺术。给学生可以不做作业的机会，就给了学生喜欢作业的机会。

第二节　给学生有趣的纸质数学作业

　　这个世界是纷繁多样的，学生的喜好更是不尽相同，有的在文学方面很有天赋，有的在美术方面很有天赋，有的在声乐方面有天赋，有的在科学方面有天赋……我们不难发现，有的人，一开口唱歌就走音走调，有的画画怎么画也画不好，有的一看到数字就郁闷……并不是说有这种情况的人以后在这方面没有造诣，而是说，每个人或多或少都有自己的特长和短板，要把短板变为特长就需要他们和他们的老师付出更多的努力。小学数学教育是为学生未来发展打基础的，因为每个孩子的未来不可预知，每个孩子的未来都充满着无数的可能，为此，根据《义务教育新课程标准（2022年版）》的要求，立足于培养学生的核心素养，兴趣要浓厚，基础要打好，能力要提高，素养要培养，个性要发展，天性要保护，是苗子的要培养好，不是苗子的也要培养好。有了这样的认识，才能明白数学教师身上的责任，才能直面问题，寻找解决问题的方法。多年的教学实践告诉我们，就像学开车，仅仅知道和理解了开车的方法是不行的，还需要上路练习，而且练习得越多，车才会开得越好。这与数学的学习是有联系的，学生如果仅仅理解了所学的知识，缺少必要的训练，那么灵活运用所学知识解决问题的能力就会大打折扣。可见，学生做适量的作业是有必要的。可是，学生本就不喜欢机械重复式的作业，给学生有趣的纸质数学作业更是有必要的。为此，也做了很多的尝试，例如，把整个学期的作业作为一场摘星比赛，为此，学生作业就像参加比赛（见表9-2-1和表9-2-2）。

表9-2-1 栏目表

作业类型	设计目的	作业对象
基础题	巩固知识（说理题、口算题、填空题、选择题等）	学生必做
	巩固知识（笔算题、解决问题、动手操作等）	学生必做
拓展题	拓展型的解决问题、数学阅读、数学实践活动等	学生选做

表9-2-2 摘星比赛说明表

摘星种类	题型	星值	本单元星值记录（画正字）
摘取"巧嘴巴"之星	说理题、口算题、数学阅读题	1分	
摘取"亮眼睛"之星	改错题、选择题、辨析题	1分	
摘取"巧巧手"之星	操作题、数学实践活动、画图题	1分	
摘取"活脑筋"之星	解决问题、竖式计算、混合运算等	1分	
本单元星值合计	共（ ）分		
星级学员	晋升为（ ）学员		
晋升说明 月亮学员：星值20～25分　星际学员：星值26～30分 星系学员：星值31～35分　宇宙学员：星值36～40分			

例如：第六单元第9课时中的《路程、速度与时间——常见的数量关系（一）》一课的作业设计如下：

欢迎来到数学智慧园摘取数学之星吧。

一、读一读——摘取"巧嘴巴之星"

高铁时速大约为250千米/时；

动车时速大约为200千米/时。

一般民用客机速度约为800千米/时，小客机为500千米/时左右，而战斗机很多是1000千米/时左右。民航客机的速度一般为900千米/时，波音737巡航速度能达到将近918千米/时，波音747巡航速度最快可以达到将近1120千米/时，是最快的。

单级火箭前进的最大速度为4.5千米/秒，多级火箭的速度可达到第一宇宙速度7.9千米/秒（物体绕地球做圆周运动的速度）和第二宇宙速度11.2千米/秒（摆脱地球引力束缚，飞离地球的速度）。

【设计意图】提高数学阅读能力，感受模型思想，进一步体会数学的价值。

二、解决问题——摘取"活脑筋之星"

（1）人步行大约66米/分，小云从家到学校约990米，她从家出发，多少分钟能到学校？

（2）人步行大约66米/分，小云从家到学校走了15分钟，小云家到学校有多少米？

【设计意图】巩固路程、速度、时间等常见的量，进一步理解速度的意义，提高解决问题的能力。

（3）人步行大约66米/分，小云从家到学校约990米，她上午8:00从家出发去学校，8:10能到学校吗？为什么？

（4）一列火车长130米，它每秒行驶13米，穿过260米的隧道需要多长时间？

【设计意图】进一步理解路程、速度、时间等常见的量，应用路程=速度×时间这一数量关系式解决生活中的路程问题，复习时刻的知识，并且提高学生说理能力。

好玩的"学用式"作业是有梯度的，既有基础性作业，又有提升型作业，还有拓展型作业；好玩的"学用式"作业是有趣度的，把竞赛融入作业中，学生做作业的过程就是一个闯关的过程，就是一个挑战的过程；好玩的"学用式"作业是有跨度的，设计作业时，尽可能考虑美术、科学、音乐、语文、体育、信息技术和道法等学科可否融入其中，尽可能考虑科技、国防、大自然、日常生活有没有什么现象、事件可融入其中，使作业是丰富的、有趣的、有温度的。

第三节 给学生实践型的数学作业

　　动手实践类的作业是学生特别喜爱的。教师在设计作业时，一定要优先把实践型的作业提供给学生。如何让学生喜欢老师所布置的作业，其中一个窍门就是教师要站在学生的角度去思考，这节课的内容主要是什么，涉及学生的哪些熟悉的生活或学习场景，可以提供什么实践操作的机会，可以设计什么实践型的作业。

　　实践类的数学作业类型从角色来分主要包括：数学小测量师、数学小调查员、数学小实验员、数学小记者、数学小画家、数学演说家等。例如，教学了《比和比例》后，教师可以布置这样的实践型作业：你附近最高的建筑物（树）是什么？估一估它有多高，想一想有什么办法可以测量出它的实际高度，动手试一试，并填在下面的实践作业单上（见表9-3-1）。

表9-3-1　实践作业表

看一看	我附近最高的建筑物（树）是（　　　　　）
估一估	我估计它的高度是（　　　　　）
想一想	我计划用（　　　　　）方法测量出它的高度
试一试	我的方法是（　　　　　　　　　　　　　），所以它的高度是（　　　　　），我估计的结果和实际的测量结果相差（　　　　　）
评一评	我给自己（　　　　　）颗星
备　注	

　　实践类的数学作业从形式上来分主要包括：数学日（周）记、数学小调查、数味小报、数味绘本、数学拼图、数学剪贴画、数学故事、数学童话、数学竞赛等。笔者把传统的数学手抄报名字做了修改，变成"数味小报"，意指有数学味道的小报，学生既可以利用信息计算手段制作，也可以手抄完成，但

是必须有数学味。当一个单元的知识学完了，学生或者个体独立完成，或者两人一组制作数味小报，小报上有单元思维导图、错题小银行、问题小银行、趣题小银行等内容，学生制作数味小报的过程其实就是对所学知识进行梳理，把碎片化的知识整合起来，搭建框架的过程，也是对自己所做的错题、问题进行梳理的过程。学生也可以根据自己的需要和兴趣灵活选择数味小报里的内容（见图9-3-1～图9-3-3）。

图9-3-1　数味小报展示图1

图9-3-2　数味小报展示图2

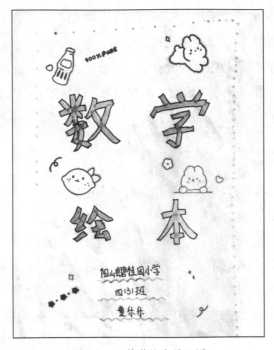

图9-3-3 数学绘本展示图

第四节 好玩的小学数学玩算卡

一副数学游戏卡有61张，分成三类，一类是数字卡，分成四种颜色，每种颜色的卡从数字0至数字9，共40张；另一类是符号卡，分别是"+""-""×""÷"各2张，小数点"."、百分号"%"、分数线"—"、比号":"、小括号"（）"、中括号"［］"、大于号">"、小于号"<"、等号"="、n^2、n^3共19张卡；第三类是百变卡，百变卡代表任何数字和符号，共2张。

参与游戏者每人各拿张数大约相等的数字卡，桌面中间摆上符号卡。参照不同玩法先出符号卡（有需要的可出百变卡）共用，再随机出示数字卡（数字卡张数由玩家决定），谁最先说出正确结果，谁就收下对方的数字卡（如遇现基础水平无法计算时，最先发现者获胜）。反之由对方收指定数量的卡（或平均收卡）。谁的手里的数字卡清空，游戏结束。数字卡最多者即为获胜者。

具体玩法可自定，也可以参照下列玩法。

玩法：

一星级（建议两人玩）：

（1）整数加、减法口算比赛。抽出符号卡中的加号或减号，每人各出一张数字卡，说出"和"或"差"。

（2）数的大小比较。

二星级（建议三人玩）：连加、连减、加减混合运算口算比赛。抽出符号卡中的加号、减号，并抽出百变卡一张，每人各出一张数字卡，说出连加、连减、加减混合运算的结果。可有三种玩法。第一种是说出连加结果（　　　）+（　　　）+（　　　）；第二种是加减混合运算，可以先加后减，也可以先减后加，即（　　　）+（　　　）-（　　　）或（　　　）-（　　　）+（　　　）；第三种是说出连减结果，即（　　　）-（　　　）-（　　　）。

三星级（建议两人玩）：整数乘、除法口算比赛。抽出符号卡中的乘号或除号，每人各出一张数字卡，然后每人各出一张数字卡，说出"积"或"商"。

四星级（建议三人玩）：整数连乘、连除、乘除混合运算比赛。抽出符号卡中的加号、减号，并抽出百变卡一张，每人各出一张数字卡，说出连乘、连除、乘除混合运算的结果。可以有三种玩法。第一种是说出连乘结果（　　　）×（　　　）×（　　　）；第二种是乘除混合运算，可以先乘后除，也可以先除后乘，即（　　　）×（　　　）÷（　　　）或（　　　）÷（　　　）×（　　　）；第三种是说出连除结果，即（　　　）÷（　　　）÷（　　　）。

五星级（建议三人玩）：整数乘加（减）口算比赛。抽出符号卡中的乘号、加号、减号、小括号。每人各出一张数字卡，进行整数乘加（减）口算比赛。可以有两种玩法。第一种是（？+？）×？或？×（？+？）；第二种是（？-？）×？或？×（？-？）。

六星级（建议三人玩）：整数除加（减）口算比赛。抽出符号卡中的除号、加号、减号、小括号，每人各出若干张数字卡，进行整数除加（减）口算比赛。可以有两种玩法，第一种是（？+？）÷？；第二种是（？-？）÷？。

七星级（建议两人玩）：小数加、减口算比赛。抽出符号卡中的加号或减号、小数点和1张百变卡，由双方约定百变卡为某一个小数，另外一个小数的小数点位置由双方商议决定，每人各出一张数字卡，进行小数加、减口算比赛。例如进行小数加法比赛，双方约定百变卡为3.3，如果甲抽到4，乙抽到3，则为4.3+3.3；如果甲抽到9，乙抽到5，则为9.5+3.3（如果三人玩则可以不要百变卡，第三人抽出的卡为整数是几就加或减几）。

八星级（建议两人玩）：小数乘、除法口算比赛。抽出符号卡中的乘号或除号、小数点和1张百变卡，由双方约定百变卡为某一个整数或小数，另外一个小数的小数点位置由双方商议决定，每人各出一张数字卡，进行小数乘、除法口算比赛。例如进行小数乘法比赛，双方约定百变卡为3，如果甲抽到4，乙抽到3，则为4.3×3；如果甲抽到9，乙抽到5，则为9.5×3。

九星级（建议两人玩）：小数连加、连减比赛。抽出符号卡中的加号或减号、小数点和两张百变卡，由双方约定进行小数连加或连减比赛。约定两张百变卡为两个不同的小数，并约定第三个小数的小数点位置，每人各出一张数字卡，进行小数连加或连减的口算比赛。例如进行小数连加比赛，双方约定百变卡为3.3、5.6，如果甲抽到4，乙抽到3，则为3.3+5.6+4.3；如果甲抽到9，乙抽到5，则为3.3+5.6+9.5。

十星级（建议两人玩）：小数乘加、乘减比赛。抽出符号卡中的加号或减号、乘号、小数点和两张百变卡，由双方约定进行小数乘加或乘减比赛。约定两张百变卡为两个不同的小数，并约定第三个小数的小数点位置，每人各出一张数字卡，进行小数乘加或乘减的口算（笔算）比赛。例如进行小数乘加比赛，双方约定百变卡为3.3、5.6，如果甲抽到4，乙抽到3，则为（3.3+5.6）×4.3；如果甲抽到9，乙抽到5，则为（3.3+5.6）×9.5。

十一星级（建议两人玩）：小数除加、除减比赛。抽出符号卡中的加号或减号、除号、小数点和两张百变卡，由双方约定进行小数除加或除减比赛。约定两张百变卡为两个不同的小数，并约定第三个小数的小数点位置，每人各出一张数字卡，进行小数除加或除减的口算（笔算）比赛。例如进行小数除加比赛，双方约定百变卡为3.3、5.6，如果甲抽到4，乙抽到3，则为（3.3+5.6）÷4.3；如果甲抽到9，乙抽到5，则为（3.3+5.6）÷9.5。

十二星级（建议两人玩）：分数加法、减法、乘法或除法比赛。抽出符号卡中的加号、减号、乘号或除号、分数线、百变卡，每人各出两张数字卡，甲抽出的卡为分子，乙抽出的卡为分母，组成分数，再乘或除以百变卡的数，说出和、差、积或商。

十三星级（建议两人玩）：分数乘加、乘减比赛。抽出符号卡中的加号或减号、乘号、分数线和两张百变卡，由双方约定进行分数乘加或乘减比赛。约定两张百变卡为两个不同的分数，并约定第三个分数的分子和分母各由谁抽取，每人各出一张数字卡，进行分数乘加或乘减的口算比赛。

十四星级（建议两人玩）：分数除加、除减比赛（参考分数乘加、乘减比赛规则）。

十五星级（建议两人玩）：分数连乘、连除或乘除混合运算比赛。抽出符号卡中的乘号、除号、分数线和两张百变卡，由双方约定两张百变卡为两个不同的分数，并约定第三个分数的分子和分母各由谁抽取，每人各出一张数字卡，进行分数连乘、连除或乘除混合运算比赛。

十六星级（建议两人玩）：求比值或化简比比赛。比的前项和后项是什么数由双方约定。如果前后项都是整数，则抽出比号，双方各抽出一张数字卡，比赛说出比值或者化简比的结果。如果约定前项和后项是分数，则要用到百变卡，约定百变卡上的数是一个什么分数，甲抽出的数字卡为分子，乙抽出的数字卡为分母，比赛说出比值或者化简比的结果。

十七星级：抽出符号卡中的比号、乘号、除号、加号、减号、小数点、分数线、百分号、小括号、中括号，参照一至十七星级玩法，自创规则，进行化简比、求比值或整数、小数、分数、百分数四则混合运算口算比赛。

图9-4-1 小学数学玩算卡

图9-4-2 学生在挑战"一星级"

图9-4-3 学生在挑战"三星级"

图9-4-4　学生利用玩算卡玩"24点"

图9-4-5　学生利用玩算卡玩"24点"

图9-4-6　学生在挑战"三星级"

图9-4-7　学生在挑战"三星级"